D1693176

Das Beste aus der Tutzinger Schloßküche

Herausgegeben von
Udo Hahn

NIKROS
LUDWIGSBURG

Inhalt

Vorwort ... 4

Zu Gast im Schloss ... 8

Alfons Schuhbecks Schlossmenü ... 14

Vorspeisen ... 24

Hauptgerichte ... 52

Desserts & Kuchen ... 80

Stiftung Schloss Tutzing ... 106

Rezepte von A bis Z ... 108

Danke schön! ... 109

Lieblingsmenüs ... 110

Impressum ... 112

Vorwort

Die Evangelische Akademie Tutzing zählt zu den bedeutendsten Denkwerkstätten in Deutschland. Zahlreiche Impulse sind von hier ausgegangen und haben in Politik, Wirtschaft, Kultur, Medien und Kirche ihre Wirkung entfaltet. In Seminaren, Konsultationen, Workshops und Abendveranstaltungen werden Themen aufgegriffen, die die Menschen bewegen – mit namhaften Referentinnen und Referenten und kompetenten, diskussionsfreudigen Gästen.

Es ist jedoch nicht allein dieser Anreiz, der einen lohnenswerten Besuch verspricht. Neben der Inspiration des Intellekts, gibt es auch Nahrung für die Sinne. Ein Barockschloss in einer Parklandschaft direkt am Starnberger See vor einer malerischen Alpenkulisse macht den Aufenthalt in der Akademie zu einem Erlebnis für Geist, Leib und Seele.

Und so lag es nahe, diese Leib und Seele ansprechende Dimension unseres Hauses einmal in den Mittelpunkt zu rücken. Unsere Küche genießt bei den Gästen höchstes Ansehen, da sie nur frische Produkte aus der Bio-Landwirtschaft verarbeitet sowie regional und saisonal ausgerichtet ist. Dass sich die Menschen bei uns wohlfühlen ist mit ihr Verdienst. Ihre Rezepte machen Appetit, laden zum Nachkochen ein – und natürlich auch zu einem Besuch in Tutzing.

Der Dank gilt zuallererst der Leiterin unserer Küche, Barbara Polhuis, mit ihren Stellvertretern, Ingrid Barth und Anton Abraham, sowie der gesamten Crew und dem Service-Team. Das Buch wäre nicht entstanden ohne tatkräftige Unterstützung der Verlegerin, Petra-Marion Niethammer, von René Knöpfel, der für die Konzeption sorgte, und von Michael Ruder, dem Fotografen.

Zu den eigenen Rezepten kommt ein 4-gängiges „Schlossmenü", das der Münchner Sternekoch Alfons Schuhbeck eigens für die Evangelische Akademie Tutzing kreiert hat. Wir haben uns über diese Geste der Wertschätzung sehr gefreut!

Erfreuen Sie sich an den Appetit anregenden kulinarischen Genüssen – und lernen Sie das Schloss als Begegnungsstätte und Ort gelebter Kultur kennen!

Udo Hahn
Udo Hahn
Akademiedirektor

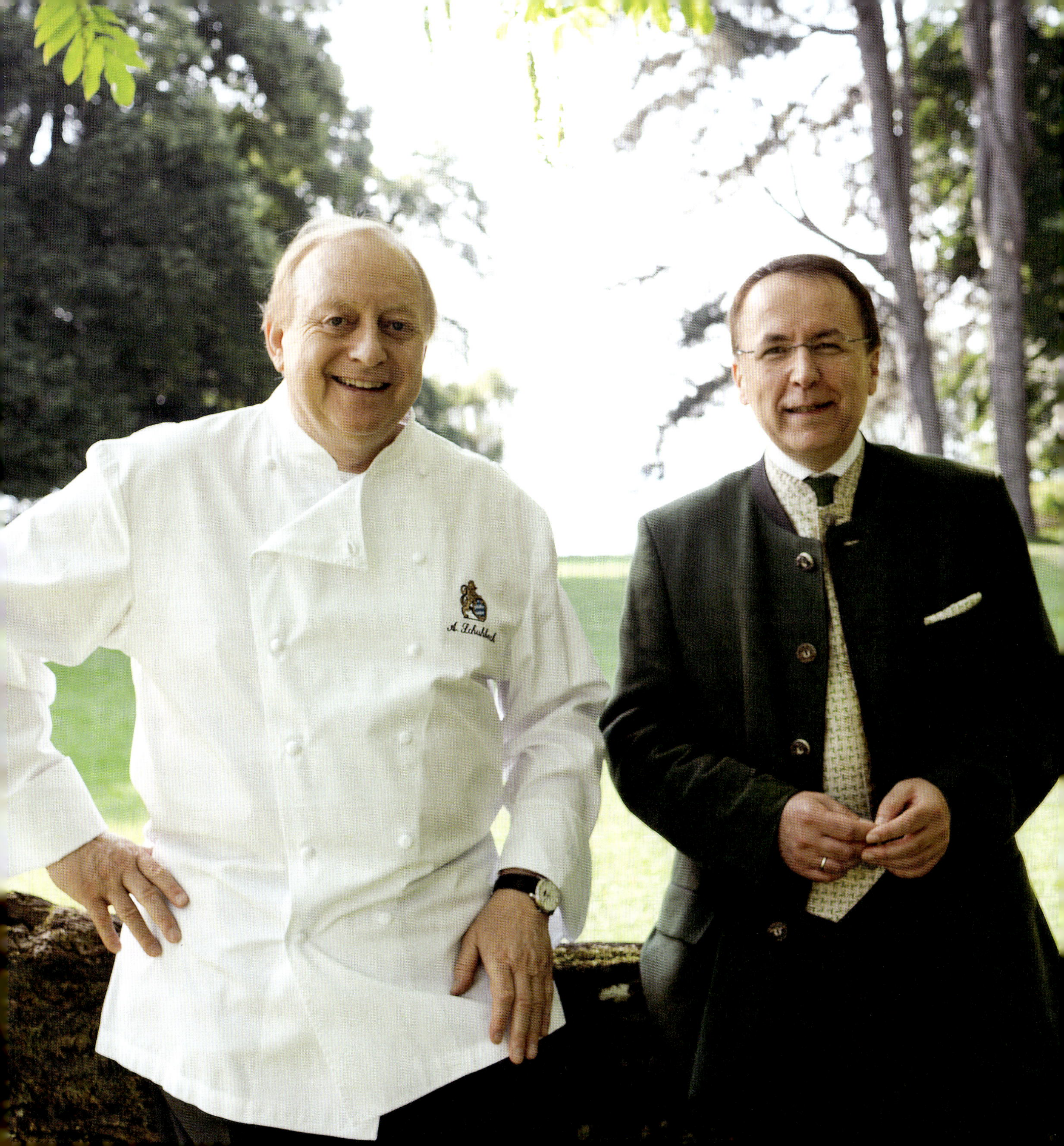
A. Schuhbeck

Bild unten: Das Schlossküche-Team (v. l. n. r.): Anton Abraham, Jutta Walter, Florica Pfaff, Barbara Polhuis und Ingrid Barth

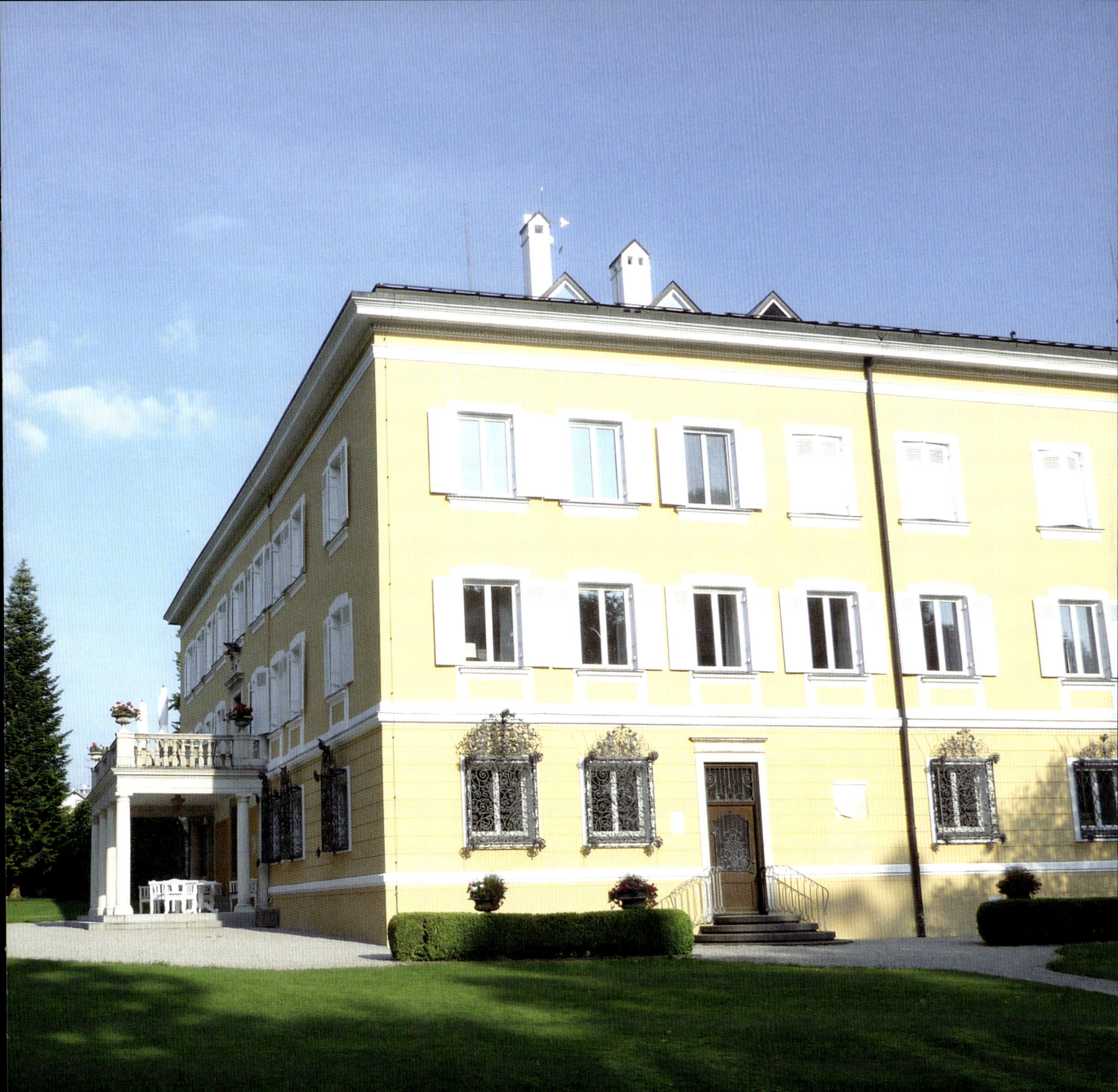

Zu Gast im Schloss von Udo Hahn

"Gastfreundschaft besteht aus ein wenig Wärme, ein wenig Nahrung und großer Ruhe." Der US-amerikanische Philosoph Ralph Waldo Emerson hat mit seiner Definition von Gastlichkeit zweifelsohne die entscheidenden Bestandteile beschrieben – wobei man das genannte Mengenverhältnis wenig/wenig/groß von Fall zu Fall durchaus unterschiedlich gewichten kann. Hauptsache, der Gast fühlt sich wohl und ist zufrieden – und sieht sich als Gast wahrgenommen.

Wer heute in das Schloss kommt, hat sich beispielsweise zu einer Tagung der Evangelischen Akademie Tutzing angemeldet, eine Karte für ein Konzert im Musiksaal erworben, oder nimmt an einer der zahlreichen Gasttagungen teil, die Unternehmen, Stiftungen, Universitäten bei uns durchführen – für kleine Klausurgruppen bis hin zu großen Kongressen. Im formalen Sinne sind die Menschen, die kommen, Teilnehmerinnen und Teilnehmer. Wir heißen sie jedoch ganz ausdrücklich als Gäste willkommen! Das hat auch Auswirkungen auf das Selbstverständnis der Akademie: Wir sind Gastgeber – und freuen uns auf alle, die kommen!

Die Geschichte von Schloss Tutzing ist älter als die Evangelische Akademie. Wilder Wein und Efeu ranken sich an den gelben Fassaden empor. Wappenbilder, alte schmiedeeiserne Fenster, verwitterte Taufbecken, spätrömische Sarkophage und Brunnen erinnern an frühere Schlossbesitzer. In ihrer heutigen Gestalt gehen die Gebäude auf Friedrich Graf von Vieregg zurück, der zwischen 1802 und 1816 den Umbau der Barockanlage veranlasste. Zwischen 1869 und 1880 befand sich das Schloss im Besitz des Gründers der Deutschen Verlagsanstalt, Eduard von Hallberger.

Von 1921 bis zu seinem Tod im Jahre 1930 residierte der ungarische, international bekannte, jüdische Kunstsammler Marczell von Nemes im Schloss. Während des Dritten Reiches besaß der Industrielle und katholische Zentrumspolitiker Albert Hackelsberger das Objekt. Er kam 1940 in der Gestapo-Haft um. In den vierziger Jahren gehörte das Schloss den Familien Kaselowsky und Oetker, die es nach dem Zweiten Weltkrieg der "Inneren Mission" überließen. Seit 1947 wurden im Haus Tagungen durchgeführt – die Anfänge der Evangelischen Akademie Tutzing, deren Errichtung Landesbischof Dr. Hans Meiser beschloss.

1956 wurde die Schlosskapelle von Olaf Gulbransson und Hubert Distler neu gestaltet. Ein Jahr darauf errichteten die beiden Künstler für den Tagungsbetrieb ein zeitgemäßes Auditorium. 1980 kam das Restaurant von Hans-Busso von Busse hinzu, das in seiner Architektur die Idee des alten Palmenhauses aufgriff.

Götz von Ranke sanierte von 1984 bis 1986 das in die Jahre gekommene Schlossgebäude von Grund auf. Um der wachsenden Gästezahl gerecht zu werden, weihte man 1992 das ebenfalls unter der Regie von Götz von Ranke behutsam umgebaute Gästehaus ein. Gemeinsam mit dem Festsaal, der ehemaligen Orangerie, sowie dem Kavaliersgewölbe, bilden diese Gebäude ein harmonisches Gesamtkunstwerk am Starnberger See.

Die einmalige Lage am Ufer des Starnberger Sees und die weitläufigen Anlagen mit ihrem jahrhundertealten Baumbestand machen den Schlosspark zu einem einzigartigen Naturdenkmal. Der ehemals barocke Schlossgarten wurde 1802 bei dem groß angelegten Neubau des Schlosses unter Friedrich Graf von Vieregg in einen englischen Landschaftsgarten umgewandelt, der allerdings an einer Mauer endete und noch nicht bis zum See reichte. Der Uferstreifen konnte erst 1870 von Eduard von Hallberger in den Park einbezogen werden. Für die Umgestaltung der Gartenanlage wurde der bayerische Hofgartendirektor Karl von Effner engagiert. Er schuf auf dem beschränkten Raum eine weiträumig wirkende Parkszenerie. Der benachbarte Kustermannpark wurde zur gleichen Zeit ebenso nach von Effners Entwürfen im Auftrag von Max Kustermann, einem wohlhabenden Tutzinger Industriellen, gestaltet.

Weiteres Beispiel einer vorbildlich gepflegten Landschaftsarchitektur ist der großflächige Park in Feldafing, angelegt vom Generaldirektor königlich-preußischer Hofgärten Peter Joseph Lenné als „königlich-bayerischer Park" in unmittelbarer Nähe der Roseninsel. Mit Blick auf die malerische

Zu Gast im Schloss

Alpenkulisse von Karwendel, Wetterstein und Zugspitze reiht sich der Schlosspark der Evangelischen Akademie Tutzing in die Kategorie der außergewöhnlichen Parkensembles am Westufer des Starnberger Sees ein.

Wurde 1853 das so genannte Midgardhaus wenige Hundert Meter vom Schloss entfernt als Haus zur Unterbringung von Gästen konzipiert, wandelte sich das Leben hinter den Schlossmauern Ende des 19./Anfang des 20. Jahrhunderts, als mit neuen Besitzern die literarische Welt und die Kunstwelt in den Räumen gastierte.

Auf den ersten Einladungen im Rahmen der Akademiearbeit hieß es: „Bringen Sie bitte Ihre Lebensmittelkarte, sowie Bettwäsche und ein Handtuch mit." Nur Seegrasmatratzen standen zur Verfügung … Mit dem stetigen Ausbau der Evangelischen Akademie Tutzing und dem Aufschwung in Deutschland kamen und kommen neue Gäste in das Schloss: Menschen aus allen Teilen der Gesellschaft, die verstehen wollen, wie diese Welt funktioniert, und die nach Lösungen für die Herausforderungen der Zeit suchen. Toleranz und christliche Verantwortung sind die Grundlagen dieser Akademiearbeit. Meinungsbildung möglich zu machen und durch den Diskurs Gesellschaft mit zu gestalten – das zeichnet diese Einrichtung aus, die auch international Anerkennung genießt.

Die Evangelische Akademie Tutzing mit Schloss und Park ist beides: Denkwerkstatt und Refugium. Ein Ort, der den Rückzug von der Welt ermöglicht, um sich mit umso größerer Klarheit den Herausforderungen der Welt zu stellen. Neben der Nahrung für den Geist bietet dieser Kraftort Nahrung für die Seele – Entschleunigung, Aufatmen, Innehalten. Und er bietet auch Nahrung für den Leib, der einem gewachsenen Bewusstsein von Nachhaltigkeit und Qualität entspricht

1989 erschien im OIKOS-Verlag eine Publikation unter dem Titel „Vom Reden zum Tun – Institutionen lernen umweltgerecht wirtschaften". Ihr Entstehen ging auf die Initiativen von Studienleiterinnen und Studienleitern Evangelischer Akademien zurück. Von der breiten Öffentlichkeit wenig beachtet, hatte sie es in sich, wie die Herausgeber wohl wussten und hofften, die in ihrem Vorwort schrieben: *„Wir möchten dazu ermuntern, sich auf Prozesse von Verhaltensänderungen einzulassen und dabei Reden und Tun miteinander zu verbinden."*

Die Ermunterung fiel auf fruchtbaren Boden und erste Schritte waren zu diesem Zeitpunkt u. a. mit dem Projekt „Umweltgerechtes Wirtschaften an Evangelischen Akademien" längst unternommen. Ab 1984 und gefördert vom Umweltbundesamt konkretisierten sich die möglichen Handlungsfelder. Es entstanden Fortbildungsangebote in den Bereichen Küche, Hauswirtschaft, Büro, technische Dienste, Garten und Park. Was die Küche anbelangt, ging es um Themen wie Vollwert statt Fastfood, Frischzubereitung statt Fertigprodukte, Produkte aus ökologischem und regionalem Anbau, Eigenanbau von Kräutern, Einkauf vor Ort, Abfallentsorgung u. a. m. Die *„recht vagen Ideen"*, die im Rahmen akademischer Zirkel entstanden waren, begannen schließlich doch Wirkung zu entfalten und nach und nach in der Praxis anzukommen. In der Evangelischen Akademie Tutzing sind sie längst Standard, Alltag, von den Gästen geschätzt.

Wir freuen uns auch auf Sie –
herzlich willkommen im Schloss!

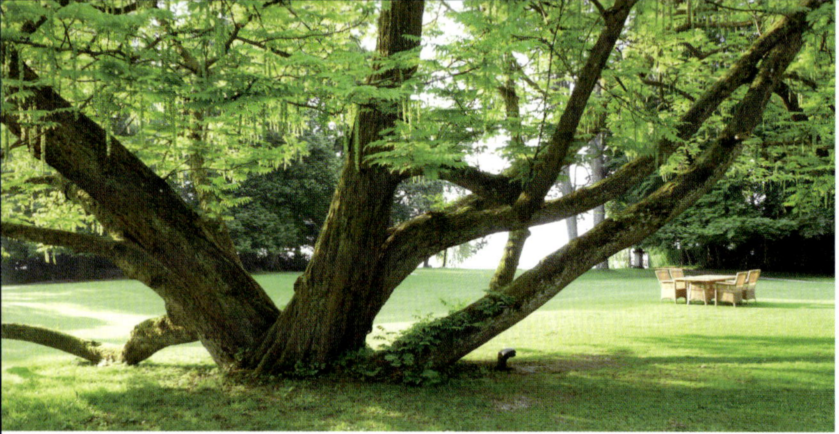
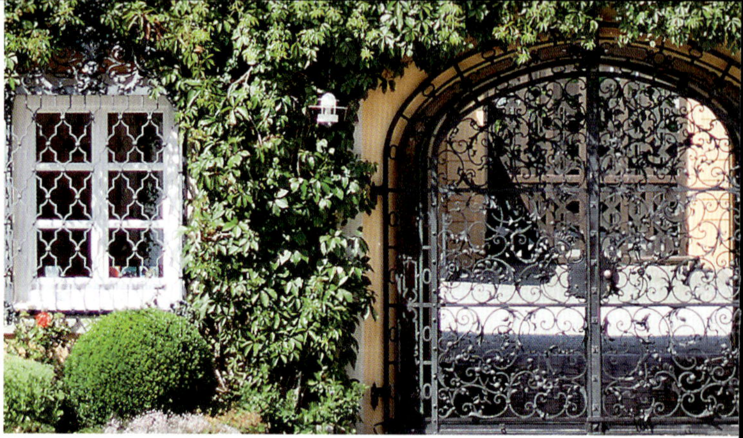
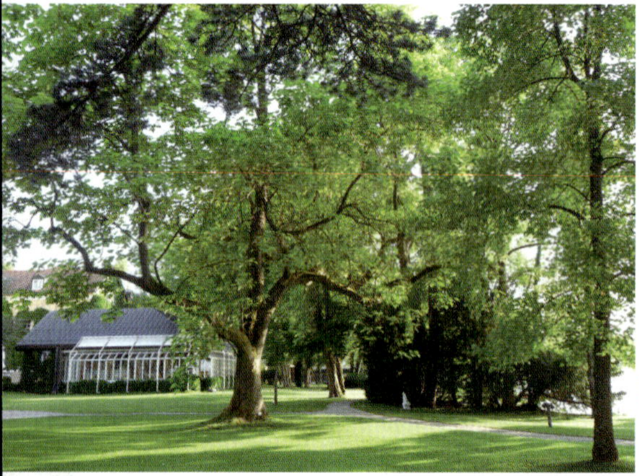
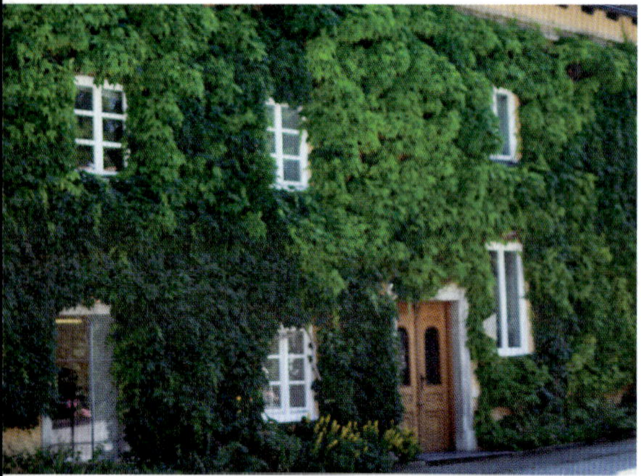
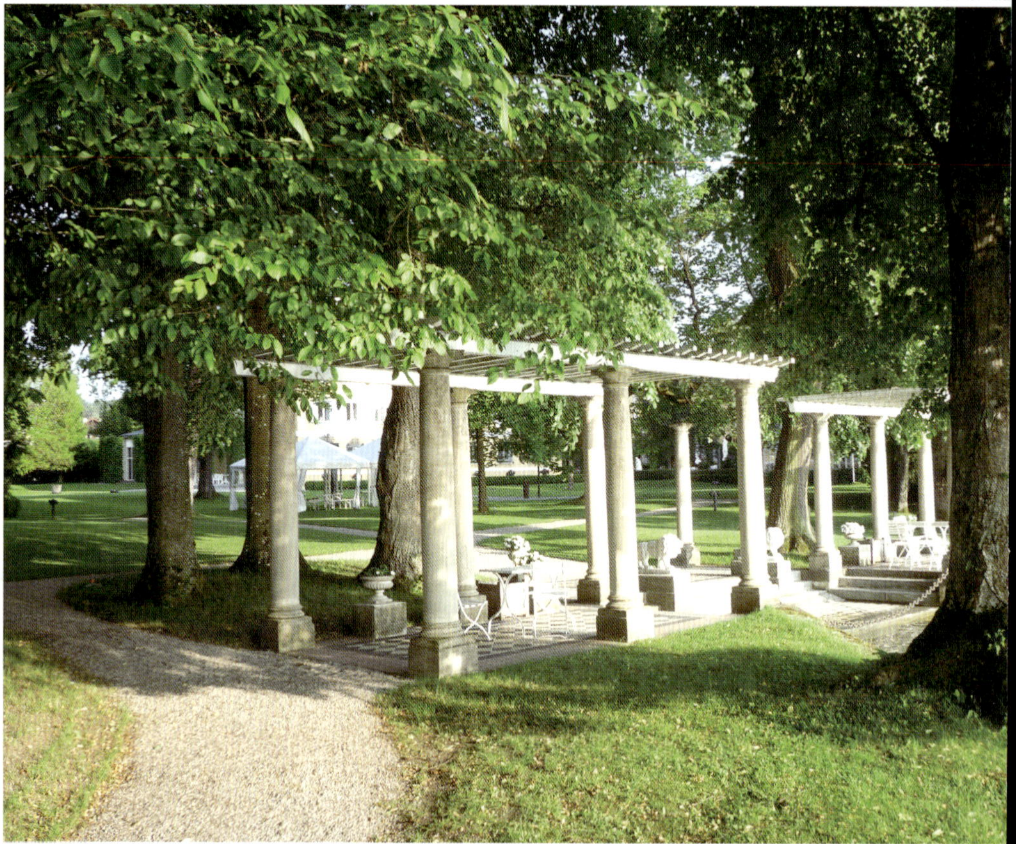
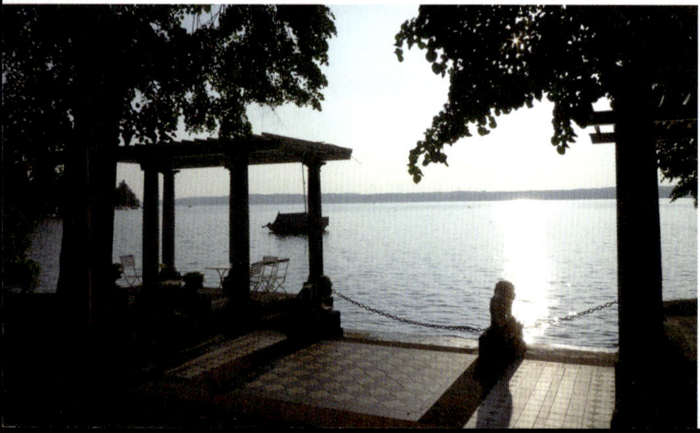
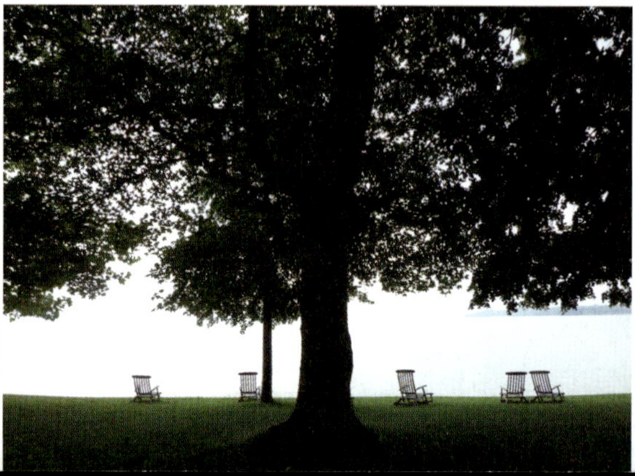
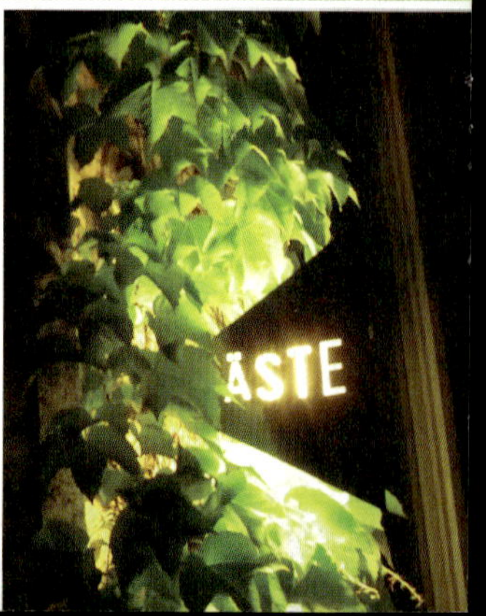

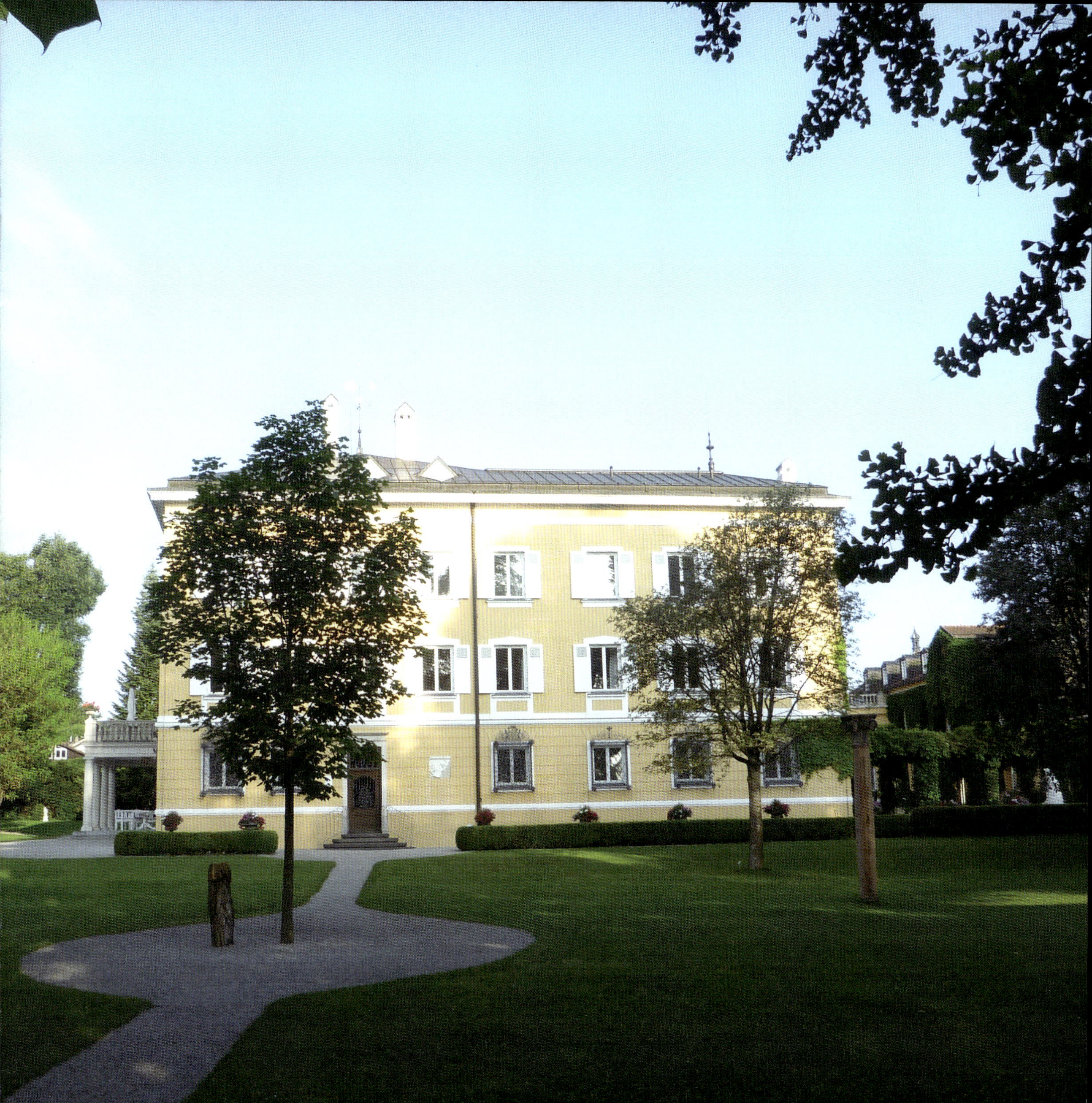

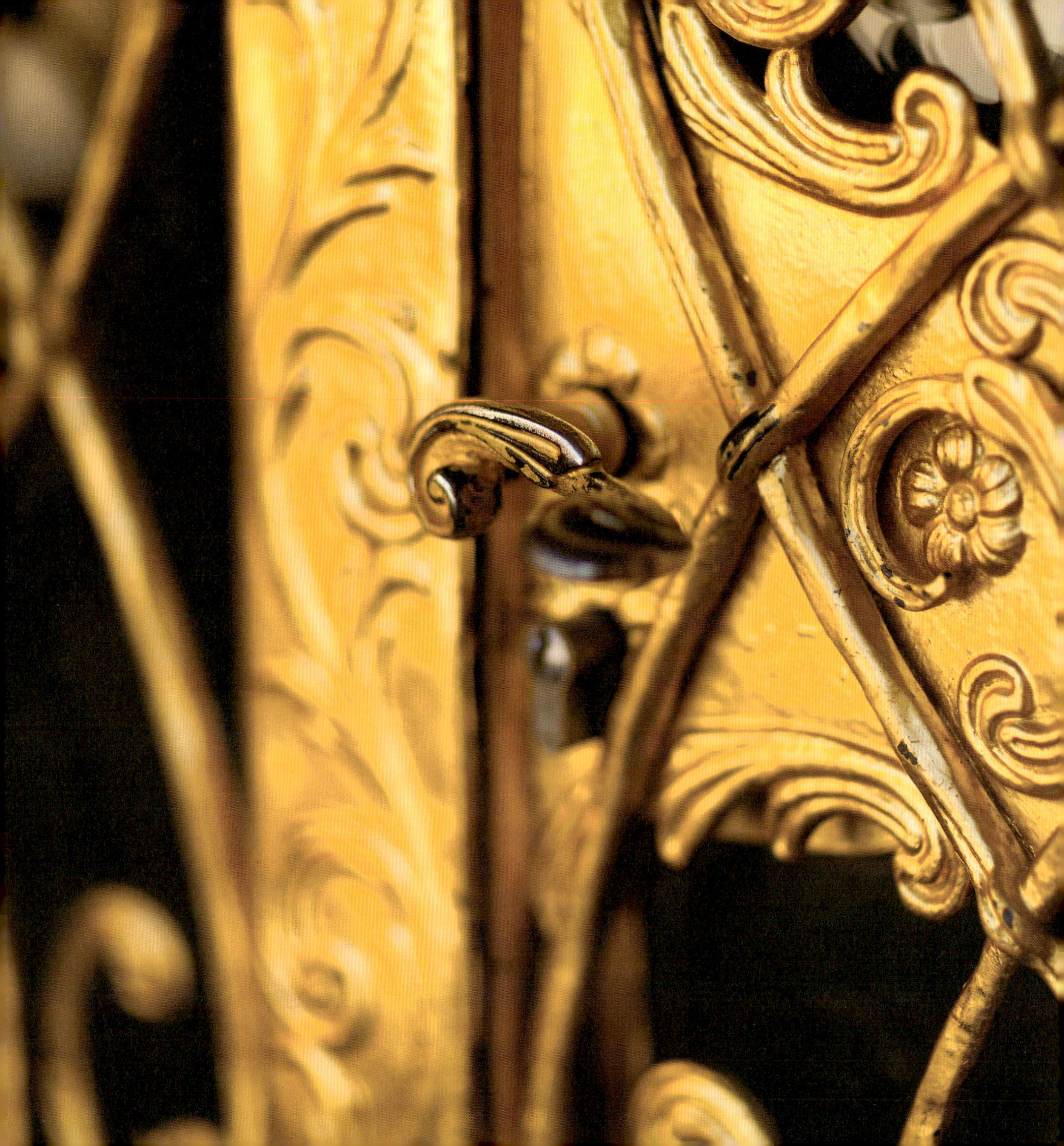

Alfons Schuhbecks Schlossmenü

Spitzenkoch von Weltrang und -bedeutung, gefragter Fernsehstar, erfolgreicher Buchautor und Unternehmer, stets den perfekten Geschmack im Sinn, „Gewürzpapst", „Beckenbauer der Küche", „Meister des Kochlöffels" ... welche Komplimente soll man ihm noch machen? Zu viele davon hat er schon gehört. Inzwischen nimmt er sie mit ironischem Gleichmut entgegen.

Wenn einer das lebt, was er tut, wenn das Handeln sich ins Sein verwandelt hat, reden wir von einem Künstler. Und Alfons Schuhbeck ist einer, daran besteht kein Zweifel. Er zählt zu den ganz Großen seines Metiers und ist bei allem Rummel um seine Person bodenständig geblieben, der Landschaft verbunden, der er entstammt, ein Botschafter der bayerischen Küche und gleichzeitig ihr verdienstvoller Erneuerer.

Die Idee, ihn um einen Beitrag zu diesem Buch zu bitten, war aus vielerlei Gründen naheliegend. Aus geografischen zunächst, wegen seiner Verbindung zu Tutzing, seinem Bekenntnis zu regionalen und saisonalen Erzeugnissen, nicht zuletzt aber wegen seiner Kochkunst. Blieb die Frage, ob er sich gewinnen ließe. Die Zusage kam überraschend spontan, ohne langes Hin und Her und unkompliziert, nachdem wir uns in München in einem seiner Restaurants getroffen und ihm die Buchidee vorgestellt hatten.

Nur kurze Zeit später lag sein „Schlossmenü" vor und bald folgten die Bilder dazu. Schließlich kam Alfons Schuhbeck zum Fototermin ins Schloss, gab ganz nebenbei Akademiedirektor (und Hobbykoch) Udo Hahn ein paar Tipps und stellte sich bereitwillig den Ansinnen des Fototeams, dem er großzügig Zeit gewährte und es mit trockenem Humor bei Laune hielt.

Genug der Vorreden: Lassen Sie sich auf den folgenden Seiten von Alfons Schuhbecks Kochkunst bezaubern und verführen und genießen Sie die erstmals gedruckte Premiere des Schlossmenüs.

Alfons Schuhbecks Schlossmenü: Erster Gang

Saibling auf mariniertem Spargel mit kleinen Kartoffeln und Zitronenjoghurt

Für den Saibling
4 Saiblingsfilets, enthäutet und entgrätet, à 80 g
Öl für das Blech
3 EL braune Butter
1/4 ausgekratzte Vanilleschote
3 Ingwerscheiben
1 Knoblauchzehe in Scheiben
mildes Chilisalz

Für den marinierten Spargel
je 250 g grüner und weißer Spargel (außerhalb der Spargelsaison den weißen Spargel durch grünen Spargel ersetzen)
1/2-1 TL Puderzucker
100 ml Gemüsebrühe
1 Streifen unbehandelte Zitronenschale
1-2 EL Zitronensaft
1-2 EL Öl
1/2 TL Nussöl
1/2 TL frischer Estragon, grob gehackt
Salz, Pfeffer aus der Mühle

Für die Kartoffeln
6 Minikartoffeln
1-2 TL braune Butter
1 Prise gemahlener Kümmel
1 Prise Majoran
1-2 TL frisch geschnittener Dill
Salz, Chilisalz

Für den Zitronenjoghurt
150 g Rahmjoghurt (10%)
1 TL Zitronensaft
1/2 unbehandelte Zitrone (Schale)
1 Msp fein geriebene Knoblauchzehe
1 Msp fein geriebener Ingwer
1 Prise mildes Chilipulver
Salz

Kräuterblättchen zum Garnieren

Die Kartoffeln in Salzwasser mit Kümmel ca. 20 Minuten weich kochen, Kartoffeln abkühlen lassen und vierteln. In einer Pfanne in der braunen Butter goldbraun anbraten und mit Chilisalz, Kümmel und Majoran würzen. Kurz vor dem Anrichten gehackten Dill einstreuen und die Butter hineinschmelzen lassen.

Den Backofen auf 80 Grad vorheizen. Die Saiblingsfilets halbieren und nebeneinander auf ein gebuttertes Backblech legen. Mit Frischhaltefolie bedecken und im vorgeheizten Backofen in 10 bis 20 Minuten, je nach Dicke der Filets, saftig durchgaren. Die braune Butter mit Vanille, Ingwer- und Knoblauchscheiben sanft erwärmen und mit Chilisalz würzen. Die Saiblingsfilets beim Anrichten damit bestreichen.

Für den Spargelsalat vom Spargel die holzigen Enden entfernen, den weißen Spargel schälen, den grünen Spargel nur im unteren Drittel schälen. Längs halbieren und schräg in etwa 3 cm lange Stücke schneiden.
In einer Pfanne den Puderzucker schmelzen lassen, die Spargelstücke hineinrühren und darin etwas anschwitzen. Die Brühe angießen, die Zitronenschale einlegen und den Spargel darin bei kleiner Hitze in etwa 5 Minuten gar ziehen lassen. Gegebenenfalls noch etwas Brühe nachgießen. Vom Herd nehmen, Zitronensaft, Öl, Nussöl und Estragon hineingeben. Mit Salz und Pfeffer abschmecken, die Zitronenschale entfernen.

Joghurt mit Zitronensaft verrühren und mit Zitronenabrieb, Knoblauch, Ingwer, Salz und Chili würzen.

Den Spargelsalat abtropfen lassen, auf länglichen Tellern verteilen, die Saiblingsfilets darauf setzen, die Kartoffeln anlegen und den Zitronenjoghurt außen herumträufeln.
Mit Kräuterblättchen garnieren.

Alfons Schuhbecks
SCHLOSSMENÜ

Alfons Schuhbe
SCHLOSSME

Alfons Schuhbecks Schlossmenü: Zweiter Gang
Karotten-Ingwer-Suppe mit karamellisierten Apfelwürfeln

250 g Karotten
1 große Zwiebel
1 Tomate
2 TL Puderzucker
800 ml Gemüsebrühe

1 roter Apfel
1 TL Ingwer, fein gehackt
2 Scheiben Knoblauch
1/2-1 TL mildes Currypulver
1/2 TL Zimtsplitter, zerstoßen

je 1 TL Koriander-, Piment- und schwarze Pfefferkörner
200 g Sahne
4 EL kalte Butter

Die Karotten und die Zwiebel schälen und klein schneiden. Die Tomate waschen und klein schneiden, dabei den Stielansatz entfernen.

In einem Topf 1 TL Puderzucker bei milder Hitze hell karamellisieren, das Gemüse hinzufügen und kurz darin andünsten. Die Brühe angießen und das Gemüse knapp unter dem Siedepunkt etwa 20 Minuten garen.

Den Apfel waschen, vierteln und das Kerngehäuse entfernen. 3 der Apfelviertel in Würfel schneiden. 1 Apfelviertel schälen, klein schneiden und mit dem Ingwer, dem Knoblauch und dem Currypulver in die Suppe geben. Koriander, Piment, Pfefferkörner und Zimt in eine Gewürzmühle füllen, mahlen und die Suppe damit würzen. Die Sahne und 3 EL Butter dazugeben und die Suppe mit dem Stabmixer fein pürieren.

Den restlichen Puderzucker in einer Pfanne bei mittlerer Hitze hell karamellisieren. Die Apfelwürfel und die restliche Butter hinzufügen und die Würfel darin hell anbraten.

Die Suppe mit einem Stabmixer nochmals aufschäumen, auf vorgewärmte Suppenteller verteilen und die Apfelwürfel darin verteilen.

Alfons Schuhbecks Schlossmenü: Dritter Gang
Geschmorte Kalbsschulter mit Selleriepüree und Dillbohnen

2 Zwiebeln
1 Möhre
100 g Knollensellerie
2 reife Tomaten, geachtelt
ca. 1,2 kg Schaufelbug vom Kalb, küchenfertig
2 EL Öl
1 TL Puderzucker
150 ml Rotwein
1 EL Tomatenmark
500 ml Geflügelbrühe
10 g getrocknete Champignons oder Egerlinge (wahlweise 1/2 bis 1 TL Tessiner Pilzgewürz)
1 Lorbeerblatt

3 Wacholderbeeren
2 Petersilienstiele
1 Liebstöckelstiel
1 halbierte Knoblauchzehe
1 Ingwerscheibe
1 Streifen unbehandelte Zitronenschale
1 Prise mildes Chilipulver
Salz

Für das Selleriepüree
500 g Knollensellerie, geschält und fein gewürfelt
1/8 l Gemüsebrühe
60 g kalte Butter
Salz, Pfeffer aus der Mühle, etwas frisch geriebene Muskatnuss

Für die Dillbohnen
50 g Frühstücksspeck
400 g breite Bohnen
80 ml Gemüsebrühe
1 geschälte Knoblauchzehe in Scheiben
1 Scheibe Ingwer
1 Streifen unbehandelte Zitronenschale
20 g Butter
1 EL Öl
1 EL frisch gehackter Dill
Salz, Pfeffer aus der Mühle

4 hauchdünne Scheiben Knollensellerie, geschält

Zwiebeln, Möhre und Sellerie schälen und in 1 bis 2 cm große Würfel schneiden.
Den Backofen auf 150 Grad vorheizen.
Das Fleisch in einem Bräter mit 1 bis 2 EL Öl bei mittlerer Hitze rundherum anbraten. Heraus nehmen, das Bratfett abgießen, den Puderzucker einstäuben, etwas darin bräunen lassen und mit der Hälfte des Rotweines ablöschen. Das Tomatenmark hineinrühren und das Ganze sämig einköcheln lassen, den übrigen Rotwein angießen, nochmals etwas einköcheln lassen und mit der Brühe aufgießen.

Zwiebeln, Möhren und Sellerie bei mittlerer Hitze in einer Pfanne im übrigen Öl glasig anschwitzen, mit den Tomaten in den Bräter geben, das Bratenstück hineinlegen und bei geschlossenem Deckel im vorgeheizten Ofen insgesamt etwa 2 Stunden schmoren lassen, dabei hin und wieder wenden.

20 Minuten vor Garzeitende die getrockneten Pilze mit dem Lorbeerblatt und den Wacholderbeeren in die Sauce streuen. Zum Schluss Petersilienstiele, Liebstöckelstiel, Knoblauch, Ingwer und Zitronenschale einlegen und einige Minuten darin ziehen lassen.

Den Braten heraus nehmen, die Sauce durch ein Sieb gießen, dabei das Gemüse gut ausdrücken und die Sauce mit Salz und Chili abschmecken. Das Fleisch in Scheiben schneiden und in der Sauce nochmals erhitzen.

Den Sellerie schälen und in 1 cm große Würfel schneiden. In einem kleinen Topf die Brühe erhitzen, die Selleriestücke hineingeben und in etwa 20 Minuten bei geschlossenem Deckel weich dünsten. Den Sellerie auf einem Sieb abgießen, in einem Mixer pürieren, dabei so viel Kochflüssigkeit wie nötig hinzufügen und die Butter dazugeben. Das Püree sollte möglichst kompakt sein! Mit Salz, Pfeffer und Muskatnuss abschmecken.

Für die Dillbohnen den Speck in Würfel schneiden, im Öl in einer Pfanne bei mittlerer Hitze kross braten und abtropfen lassen.
Die Bohnen putzen und schräg in 1 bis 2 cm breite Stücke schneiden. In Salzwasser fast weich kochen, in kaltem Wasser abschrecken und auf einem Sieb abtropfen lassen. Die Bohnen in der Brühe mit Knoblauch, Ingwer und Zitronenschale erhitzen, die Butter hineinrühren und mit Salz, Pfeffer und Dill würzen. Knoblauch, Ingwer und Zitronenschale anschließend entfernen.

Zum Schluss die Selleriescheiben in einem Topf in Öl oder Frittierfett bei ca. 160 Grad knusprig und hell backen, auf Küchenpapier abtropfen lassen und leicht salzen.

Die Fleischscheiben auf warmen Tellern anrichten, mit Sauce beträufeln, Selleriepüree und Dillbohnen daneben verteilen. Die Selleriechips in das Selleriepüree stecken.

Alfons Schuhbecks Schlossmenü: Vierter Gang
Schmankerlcreme mit marinierten Gartenbeeren

Für den Krokant
4 EL Zucker
3 EL Mandelblättchen, geröstet

Für die Creme
2 Blatt weiße Gelatine
300 g Sahne

3 Eigelb
50 g Puderzucker
1/2 Vanilleschote (Mark)
1-2 EL Amaretto

Für die Beeren
120 g Himbeeren

1-2 EL Zucker
1 TL Zitronensaft
250 g gemischte Beeren wie Erdbeeren, Brombeeren, Heidelbeeren, Himbeeren, Johannisbeeren

1 EL Mandelblättchen

Für den Krokant den Zucker in einer Pfanne bei milder Hitze hell karamellisieren und sofort die Mandeln unterrühren. Ein Schneidebrett mit Backpapier belegen, die heiße Krokantmasse aus der Pfanne darauf geben und mit einem zweiten Stück Backpapier bedecken. Die Masse mit dem Nudelholz möglichst dünn ausrollen und erstarren lassen. Den Krokant mit einem breiten Messer fein zerstoßen.

Für die Creme die Gelatine in kaltem Wasser einweichen. Die Sahne in einem hohen Rührbecher mit dem Handrührgerät halb steif schlagen. Das Eigelb mit dem Puderzucker und dem Vanillemark in eine Schüssel geben und mit dem Schneebesen zu einer hellschaumigen Masse aufschlagen.

Den Amaretto in einem kleinen Topf erhitzen und vom Herd nehmen. Die Gelatine gut ausdrücken, in dem Amaretto unter Rühren auflösen und unter die Eigelbmasse rühren. Ein Drittel der geschlagenen Sahne mit dem Schneebesen unter die Creme mischen, die restliche Sahne vorsichtig unterheben. Zum Schluss den ausgekühlten gehackten Krokant unterziehen.

Die Schmankerlcreme in Portionsförmchen aus Porzellan (à 120 ml Inhalt) füllen und zugedeckt etwa 2 Stunden im Kühlschrank fest werden lassen.

Inzwischen die Himbeeren waschen, verlesen, mit Zucker und Zitronensaft mischen, pürieren und durch ein Sieb streichen, die Kerne entfernen. Die gemischten Beeren putzen, waschen und zerkleinern. Mit dem Himbeerpüree vermischen und eventuell etwas nachzuckern.

Die Förmchen nach Belieben 7 bis 8 Sekunden bis unter den Rand in kochend heißes Wasser tauchen und die Creme auf Dessertteller stürzen.

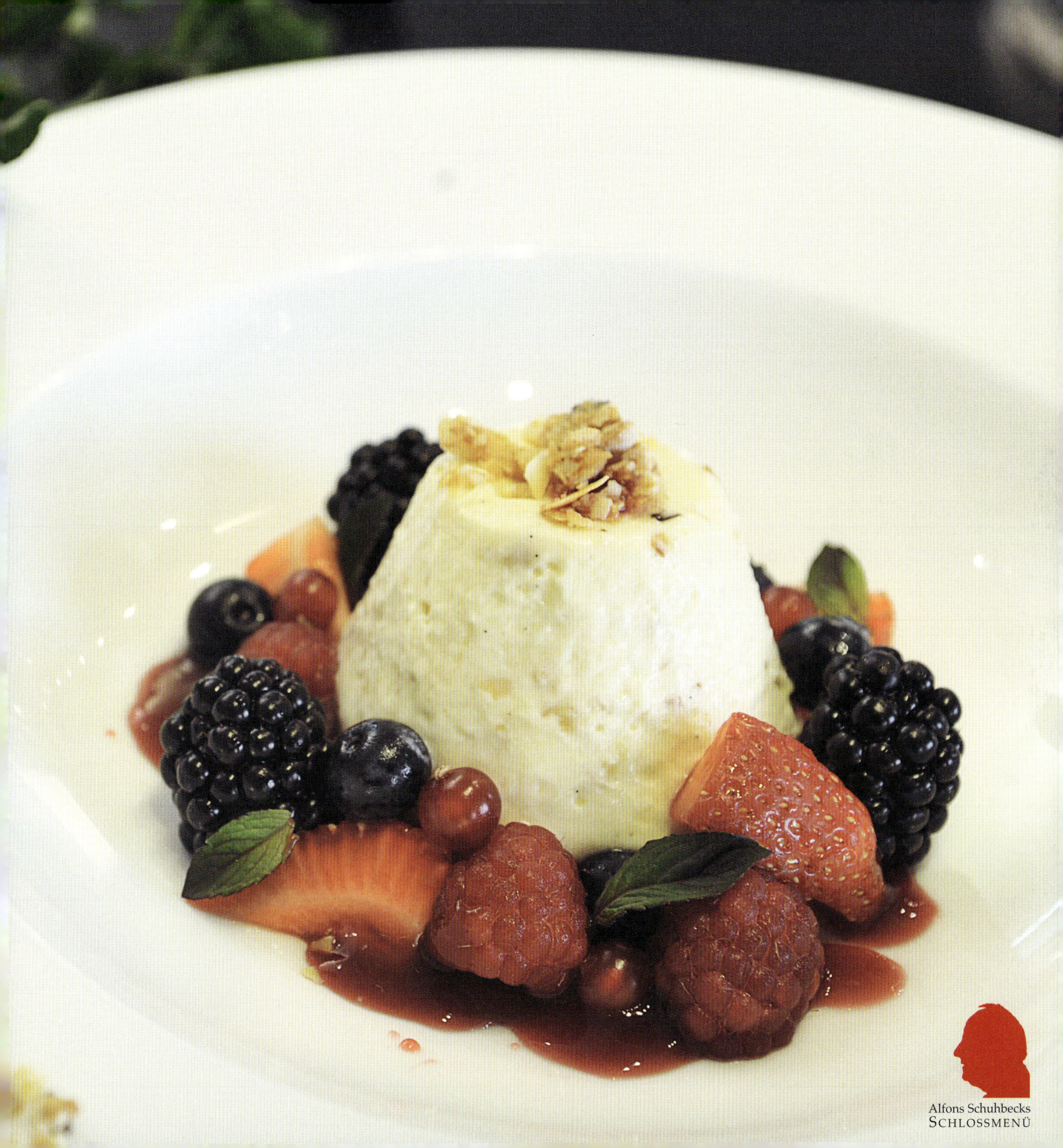
Alfons Schuhbecks
SCHLOSSMENÜ

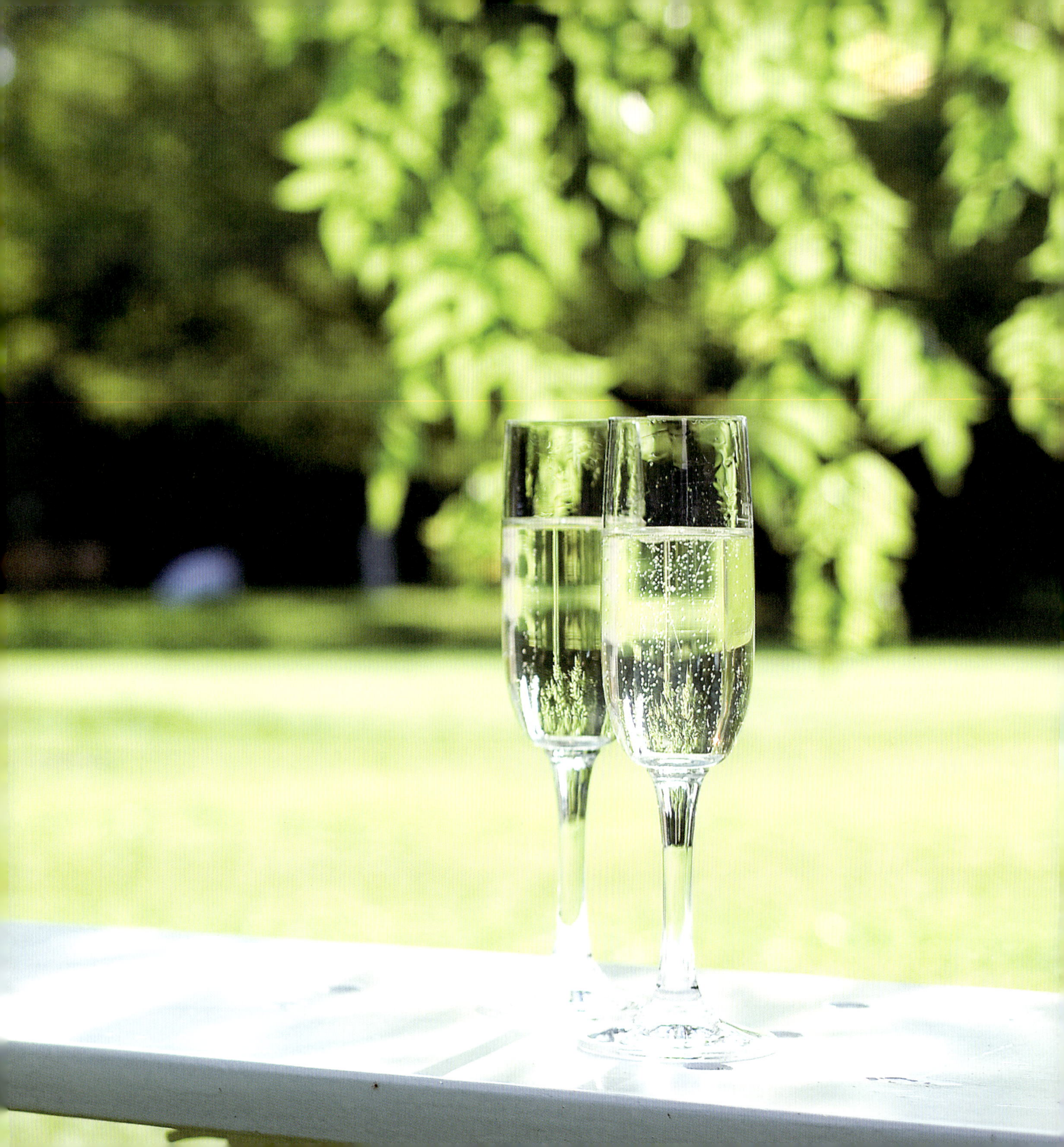

Vorspeisen

Bunter Salat mit Tutzinger Sauce	26	
Antipasti-Quintett	28	
Kürbismonde aus dem Ofen	30	
Zucchini-Röllchen	32	
Rote Linsensuppe	34	
Fenchelcremesuppe mit Pernod	36	
Rote-Bete-Suppe	38	
Pastinakencremesuppe	40	
Dreierlei Quiches	42	
Kartoffelgratin	44	
Überbackener Chicorée	46	
Kartoffel-Austernpilzstrudel mit roter Paprikasauce	48	

Bunter Salat mit Tutzinger Sauce

Gemischte Blattsalate und Gemüse je nach Angebot und Jahreszeit, z. B. Karotten, Tomaten, Salatgurken, Radieschen, Rettiche, Rote Bete

20 ml Agavendicksaft oder Honig
20 g süßer Senf
20 g scharfer Senf
20 ml Balsamico, hell oder dunkel
80 ml Olivenöl
40 ml stilles Mineralwasser
1 Prise Chili
Salz und Pfeffer

Kresse, Sprossen, geröstete Saaten oder Croûtons zum Garnieren

Die Blattsalate putzen und waschen. In eine Salatschleuder geben und trocken schleudern.

Die ausgewählten Gemüsesorten waschen und raspeln (z. B. Karotten, Rettiche und Rote Bete) oder in Scheiben schneiden (z. B. Tomaten, Gurken und Radieschen).

Alle Zutaten für die Salatsauce sorgfältig verrühren oder mixen. Salatteller liebevoll „aufbauen". Kurz vor dem Servieren die Sauce darauf verteilen und mit Kräutern, Sprossen, gerösteten Saaten oder Croûtons bestreuen.

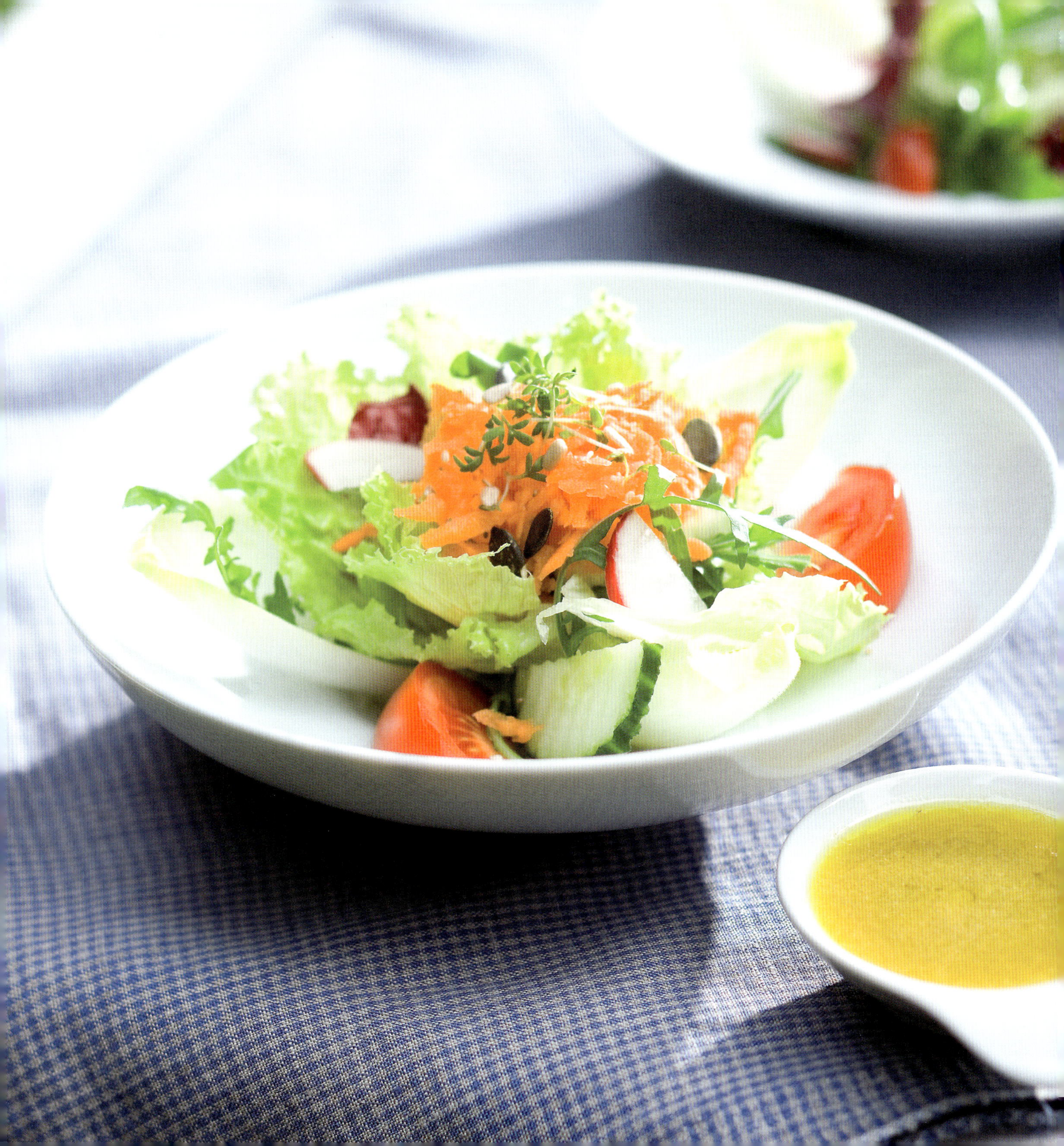

Antipasti-Quintett

200 g	Schalotten	1	rote Paprika		Balsamico
200 g	Champignons	1	gelbe Paprika		Sojasauce
1 kleine	Aubergine	2	Knoblauchzehen		Salbei, Blattpetersilie und Rosmarin
1 kleine	Zucchini		Olivenöl		Salz und Pfeffer

Champignons, Auberginen, Zucchini und die Paprika waschen, putzen und in Scheiben bzw. Streifen schneiden. Getrennt beiseite stellen. Schalotten und Knoblauchzehen schälen. Den Knoblauch fein hacken, die Schalotten aber ganz lassen.

In einer Pfanne Olivenöl erhitzen, Zucker hinzugeben und karamellisieren, Knoblauchwürfel ebenfalls hinzugeben. Mit Balsamico ablöschen und sirupartig aufkochen. Die Schalotten zufügen und im Sirup ca. 10 Minuten ziehen lassen.

In einer zweiten Pfanne Olivenöl erhitzen und die Auberginenscheiben auf beiden Seiten anbraten. Heraus nehmen, auf einen Teller legen und mit Salz und Pfeffer würzen.
Genauso mit den Zucchinischeiben verfahren, diese zusätzlich mit frischem Salbei anbraten.

Zum Anbraten der Paprikastreifen zusätzlich frischen Rosmarin verwenden. Auch die Champignons in Olivenöl anbraten. Mit Salz, Pfeffer und Sojasauce würzen. Zum Schluss etwas gehackte Blattpetersilie darüber streuen.

Alle fünf Antipasti dekorativ auf Schälchen verteilen und mit Oliven und Baguette servieren.

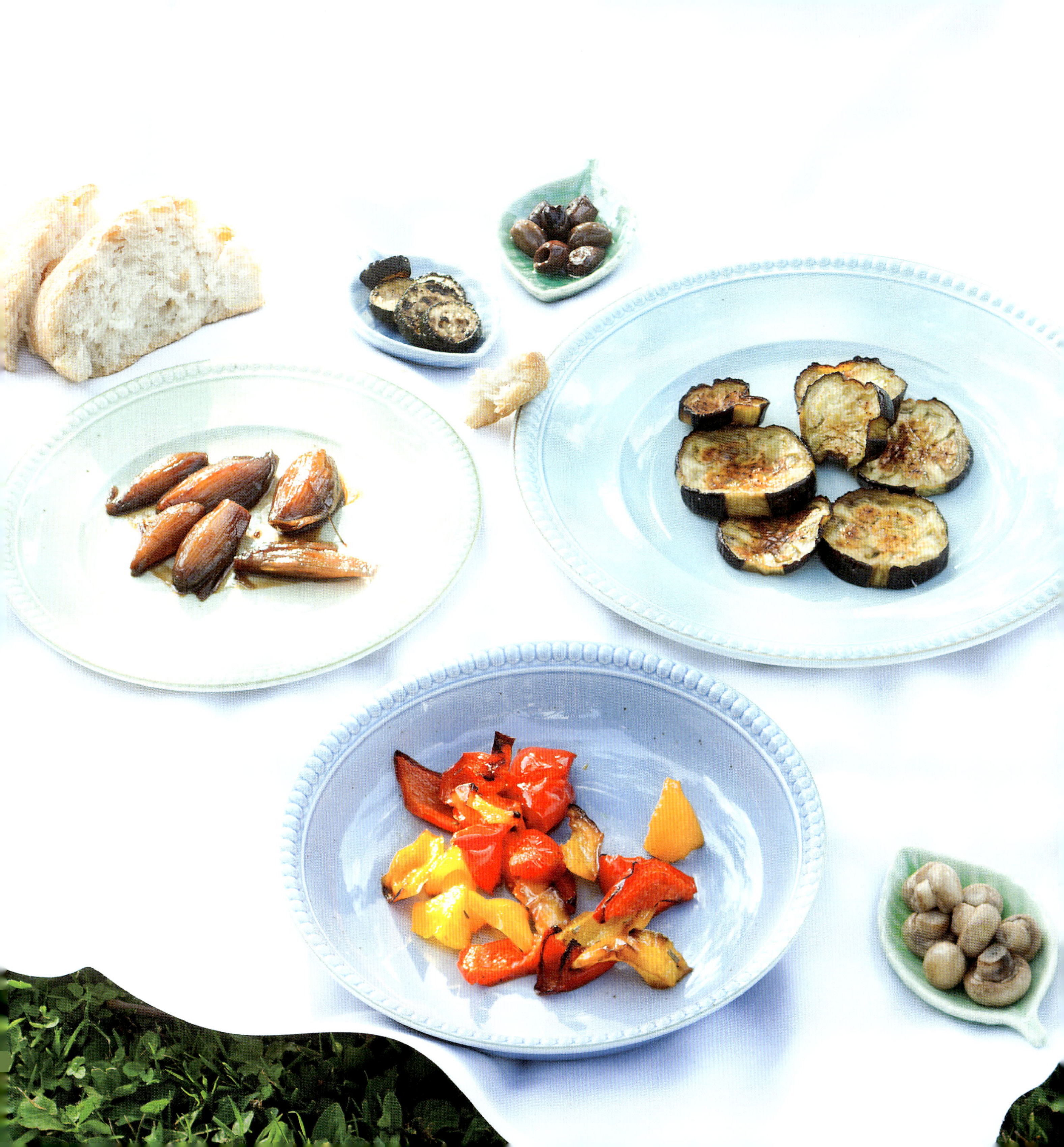

Kürbismonde aus dem Ofen

1	kleiner Hokkaido-Kürbis
6 EL	Olivenöl
2	Knoblauchzehen
40 g	frischer Ingwer

Salz, Kreuzkümmel, Koriander, Chili

Den Hokkaido waschen, bürsten und halbieren. Entkernen und in Spalten schneiden.

Für das Gewürzöl Kreuzkümmel und Koriander im Mörser zerreiben. Knoblauchzehen und Ingwer schälen und fein hacken. Olivenöl, Chilipulver und Salz in einer kleinen Schüssel mischen. Knoblauch, Ingwer und die zerstoßenen Gewürze dazugeben und alles miteinander verrühren.

Den Backofen auf 200 Grad vorheizen. Die Kürbismonde auf ein gefettetes Backblech setzen, mit dem Gewürzöl gut einpinseln und ca. 20 Minuten backen. Sofort servieren.

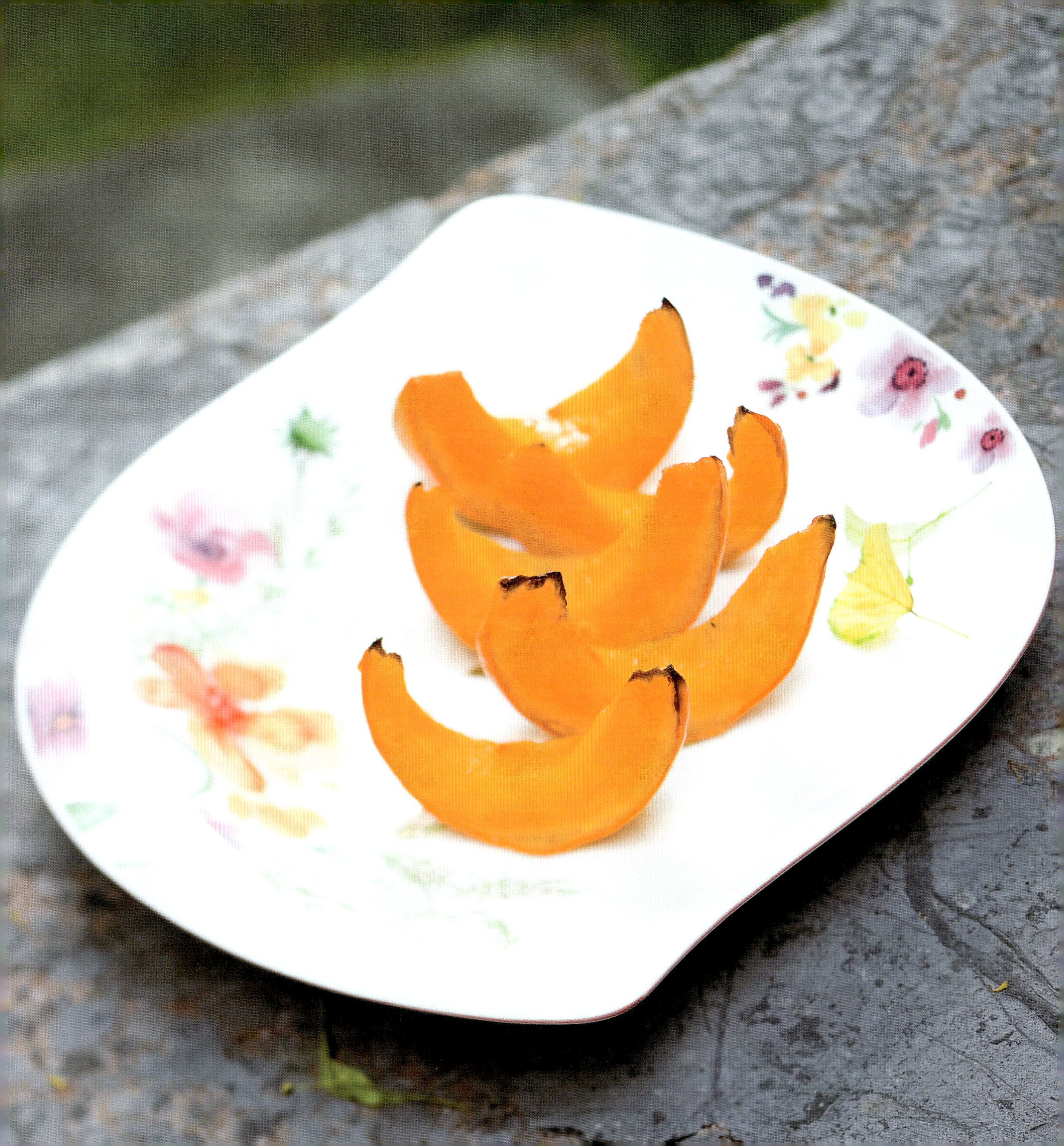

Zucchini-Röllchen

1	mittelgroße Zucchini	**Für das Knoblauchöl**	
3 EL	Knoblauchöl	1	Knoblauchzehe
200 g	Ziegenfrischkäse	50 ml	Olivenöl
1/4	Bund Rucola		
20 g	schwarze Oliven, ohne Stein		
25 g	getrocknete Tomaten		
1/2 EL	Dijon-Senf		

Chili, Pfeffer und Salz

Für das Knoblauchöl eine Knoblauchzehe schälen und mit dem Messerrücken auf einem Brett zerquetschen. Etwas Salz darauf streuen und mit der Breitseite des Messers zu einem feinen Brei quetschen. Mit 50 ml Olivenöl vermischen und in ein Schraubglas abfüllen. So hält es im Kühlschrank mehrere Tage!

Die Zucchini der Länge nach in ca. 3 mm dicke Scheiben schneiden. Das geht am besten mit einer Aufschnittmaschine.

Die Zucchinischeiben auf ein Backblech legen, mit 3 EL Knoblauchöl bepinseln und salzen. Den Backofen auf 200 Grad vorheizen und die Zucchinischeiben 5-10 Minuten backen. Zum Abkühlen beiseite stellen.

In der Zwischenzeit die Füllung für die Zucchini-Röllchen vorbereiten. Tomaten und Oliven mit einem scharfen Messer ganz fein würfeln. Ziegenfrischkäse und Senf miteinander verrühren und die zerkleinerten Zutaten untermischen.

Den Rucola waschen, mit einer Salatschleuder schleudern oder sehr gut abtropfen lassen. Ebenfalls zerkleinern und unter die Frischkäsecreme ziehen. Mit den Gewürzen abschmecken.

Jetzt die Füllung auf die Zucchinischeiben streichen und zu Röllchen drehen. Aufrecht in ein kleines Gefäß stellen und mit Baguette servieren.

Tipp
Statt Zucchini können Sie auch Roastbeefscheiben mit der Frischkäsecreme füllen.

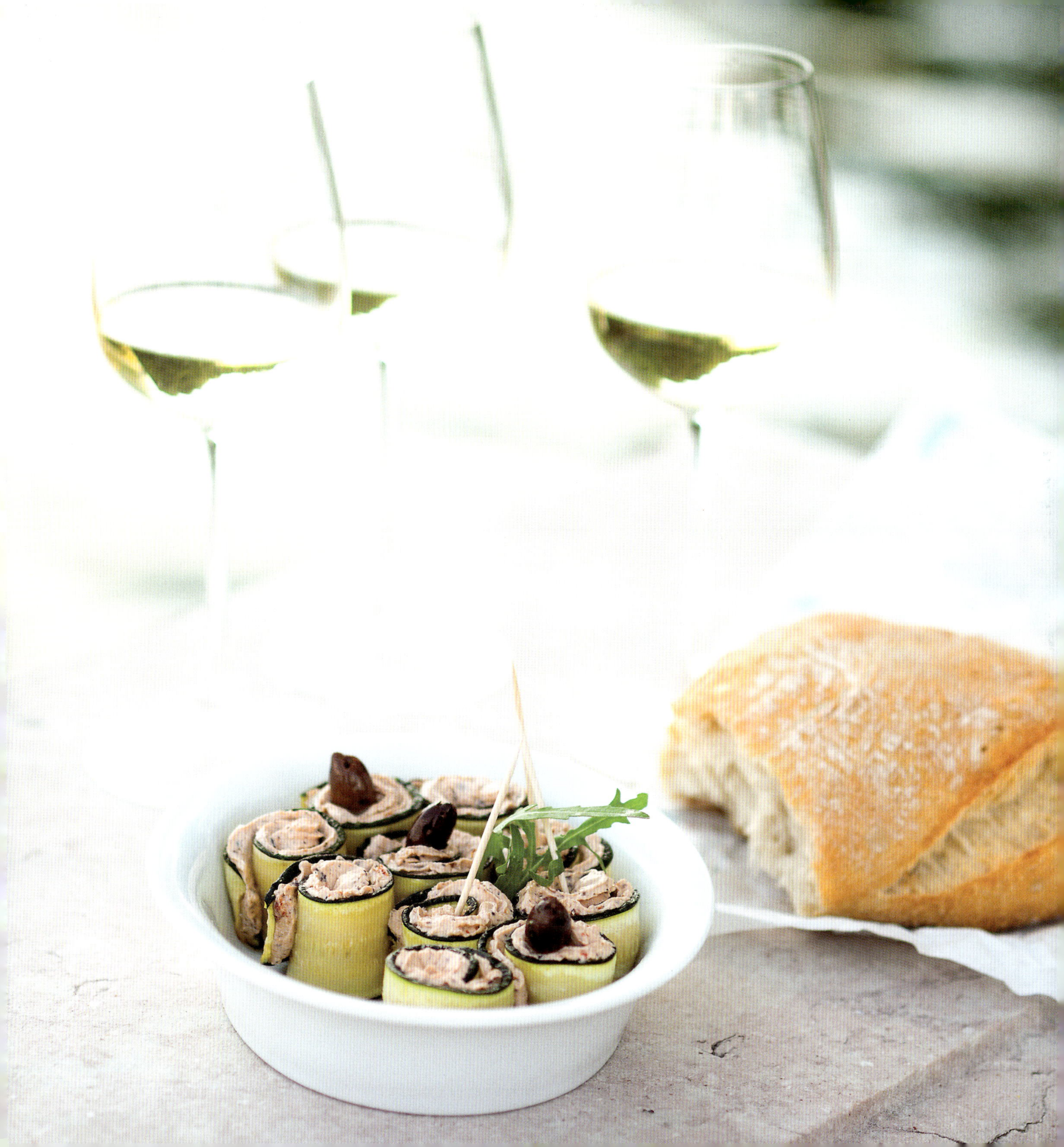

Rote Linsensuppe

200 g	rote Linsen	1	kleine Knoblauchzehe
1	Zwiebel	1	kleines Stück Ingwer
2 EL	Olivenöl	Salz, Pfeffer, Chili, Kreuzkümmel, Koriander	
800 ml	Fleisch- oder Gemüsebrühe		

Zwiebel, Knoblauchzehe und Ingwer schälen und in feine Würfel schneiden. Die Linsen waschen und in einem Sieb abtropfen lassen.

Das Olivenöl in einem großen Topf erhitzen und die Zwiebeln anschwitzen. Knoblauch, Chilipulver und den gemahlenen Kreuzkümmel sowie den Koriander dazugeben und kurz mitschwitzen. Mit der Brühe ablöschen, aufkochen, salzen und pfeffern. Die Linsen und den gewürfelten Ingwer hinzufügen und ca. 30 Minuten köcheln lassen, bis die Linsen gar sind. Achtung: Die Linsensuppe setzt gerne an, daher immer wieder umrühren!

Die Suppe zum Schluss noch mal mit den Gewürzen kräftig abschmecken und in vorgewärmten Suppentellern servieren.

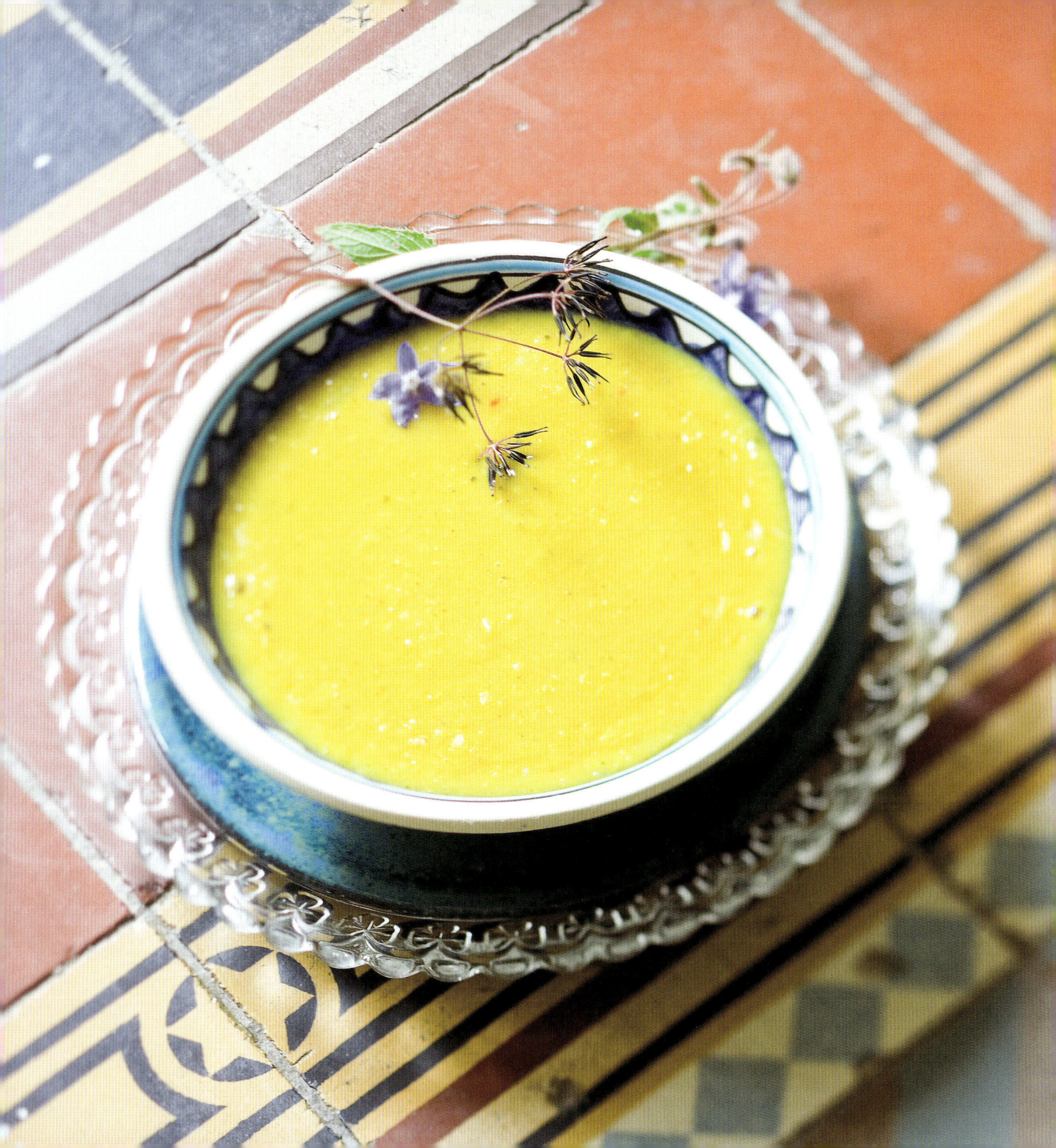

Fenchelcremesuppe mit Pernod

300 g	Fenchel	500 ml	Fleisch- oder Gemüsebrühe
1	Zwiebel	100 g	Sahne
1	kleines Stück Petersilienwurzel		Pernod
30 g	Butter		Salz und Pfeffer

Die Zwiebel und die Petersilienwurzel schälen und in feine Würfel schneiden.
Den Fenchel putzen und ebenfalls würfeln. Das zarte Fenchelgrün zur Seite legen.

In einem Topf die Butter erhitzen und die Zwiebelwürfel darin glasig dünsten. Fenchel- und Petersilienwurzelstücke zugeben und ca. 2 Minuten mitrösten.

Mit der kalten Brühe auffüllen und zum Kochen bringen. So lange bei schwacher Hitze köcheln lassen, bis das Gemüse weich ist.

Die Fenchelsuppe mit dem Mixstab fein pürieren. Dabei die Sahne zufügen. Mit Salz, Pfeffer und einem Schuss Pernod abschmecken. Mit dem gehackten Fenchelgrün bestreuen und sofort servieren.

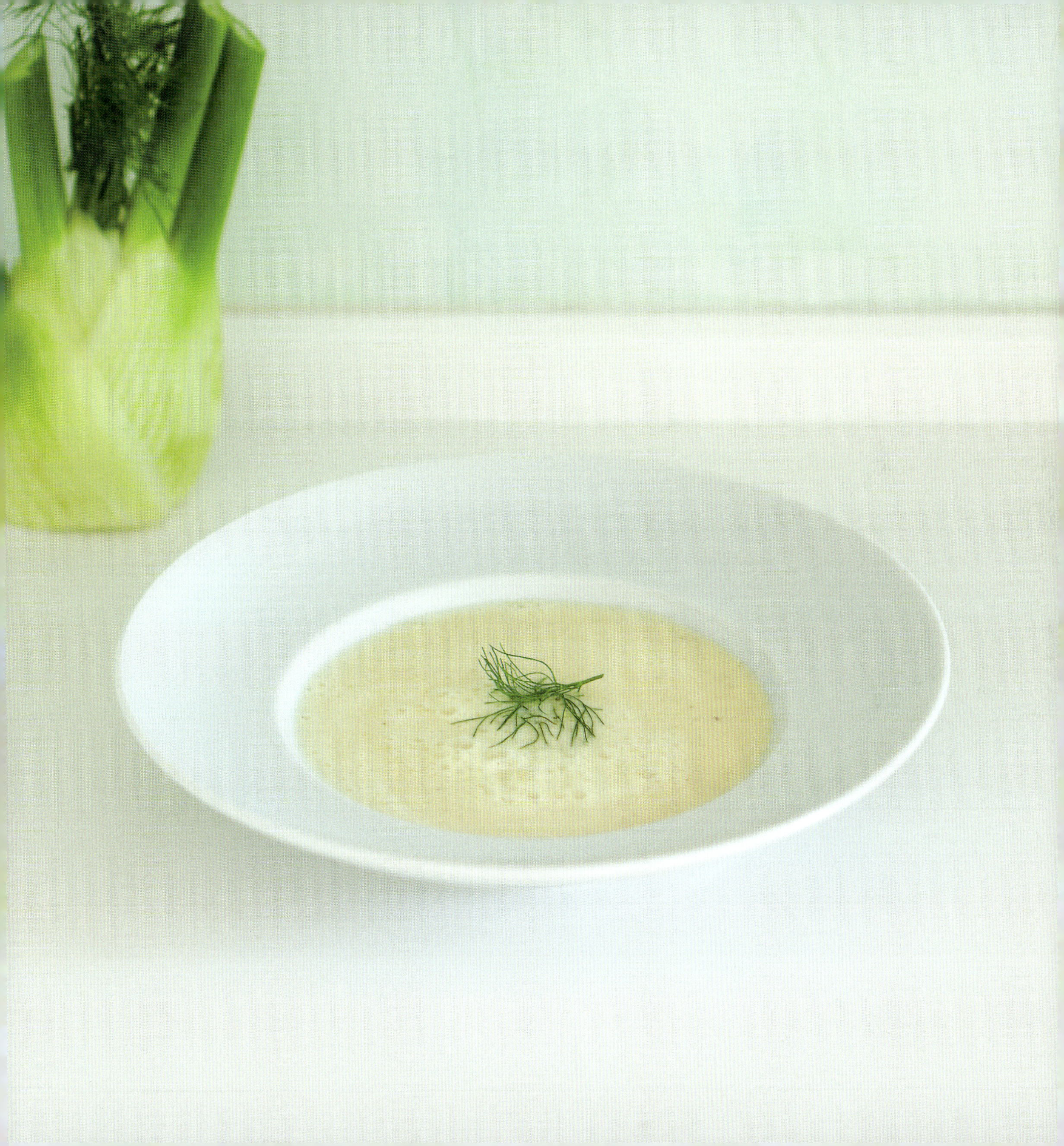

Rote-Bete-Suppe

500 g	Rote Bete	3	Nelken
1	Karotte	1	Lorbeerblatt
2	Zwiebeln	1	Schuss Balsamico
15 g	Butter		Salz, Pfeffer, Muskat
500 ml	Fleisch- oder Gemüsebrühe		

Rote Bete, Zwiebeln und Karotte schälen und in feine Würfel schneiden.

Die Zwiebelwürfel in Butter glasig dünsten. Rote Bete und Karotte zugeben und kurz mitrösten.

Mit der Brühe auffüllen und zum Kochen bringen. Die Nelken ins Lorbeerblatt stecken, zur Brühe geben und so lange bei schwacher Hitze köcheln lassen, bis das Gemüse weich ist. Anschließend Lorbeerblatt und Nelken wieder entfernen.

Die Suppe mit dem Mixstab fein pürieren. Mit den Gewürzen abschmecken und in vorgewärmten Suppentellern servieren.

Tipp
Statt frischer Rote Bete können Sie auch bereits vorgekochte Rote-Bete-Knollen im Vakupack aus der Gemüseabteilung verwenden.

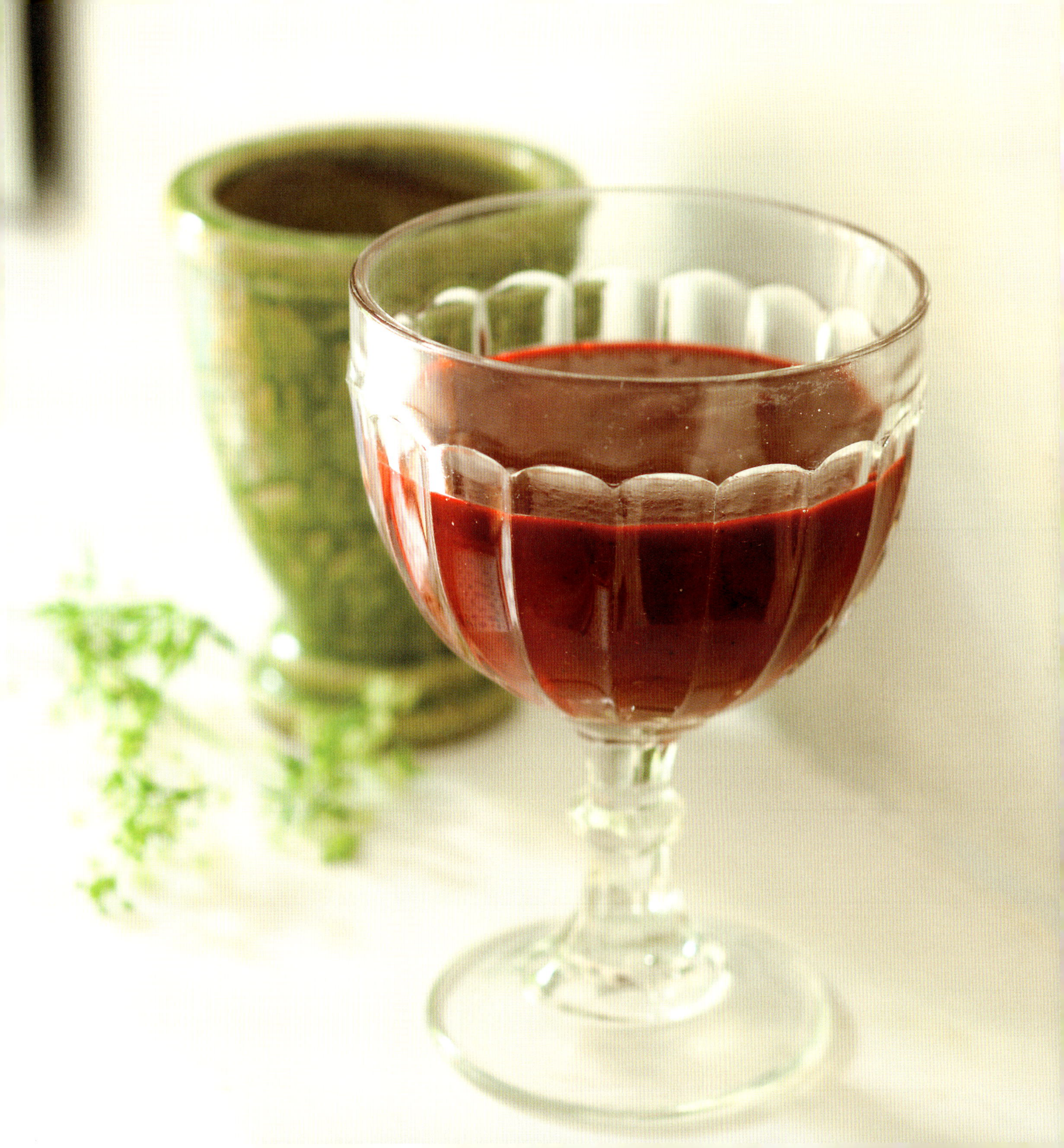

Pastinakencremesuppe

300 g Pastinaken
2 Zwiebeln
15 g Butter
500 ml Fleisch- oder Gemüsebrühe
100 g Sahne
Salz und Pfeffer

Pastinaken und Zwiebeln schälen und in feine Würfel schneiden.

In einem großen Topf zuerst die Zwiebelwürfel in Butter glasig dünsten. Dann die gewürfelten Pastinaken zugeben und kurz mitbraten.

Die Brühe zum Gemüse in den Topf geben und mit Salz und Pfeffer würzen. Die Suppe im geschlossenen Topf bei kleiner Hitze etwa 15 Minuten leicht köcheln lassen.

Die Sahne dazugießen und die Suppe mit dem Mixstab fein pürieren. Noch mal abschmecken und in vorgewärmten Suppentellern servieren.

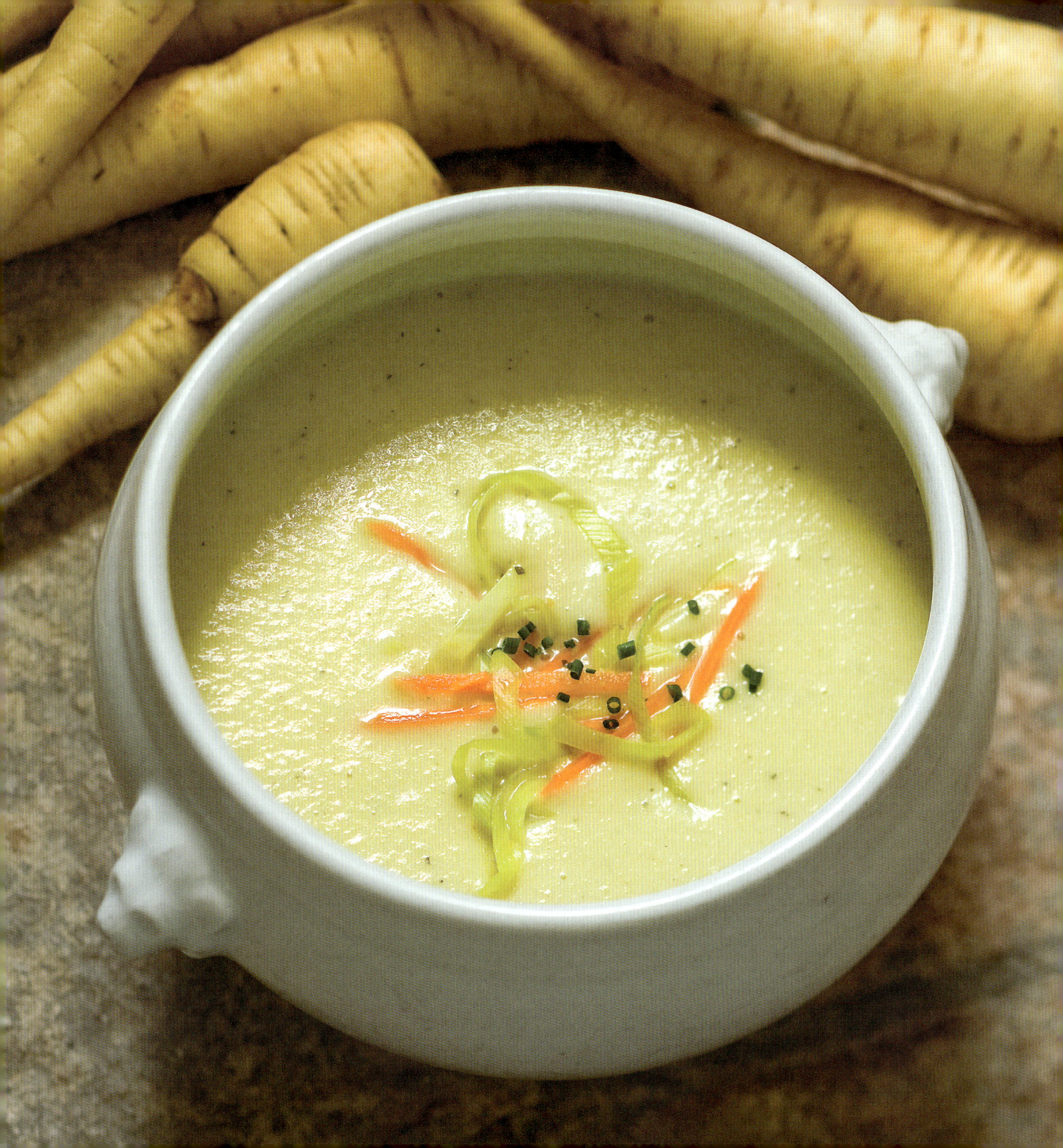

Dreierlei Quiches

Für den Teig
250 g Mehl
125 g Butter
1 Ei
Salz

Für den Guss
400 g Sauerrahm, Sahne, Crème fraîche oder Ricotta
4 Eier
50 g Parmesan, fein gerieben
gekörnte Gemüse- oder Fleischbrühe
Salz und Muskat

Für die Spinat-Gorgonzola-Füllung
1 kg Blattspinat
100-150 g Gorgonzola
1 Zwiebel
1 Knoblauchzehe
1 EL Butter
Salz, Pfeffer, Muskat

Für die Spargel-Tomaten-Füllung
750 g grüner Spargel
10 Cocktailtomaten
Salz und Pfeffer

Für die Fenchel-Paprika-Füllung
400 g Fenchel
2 rote Paprika
1 gelbe Paprika
1 EL Butter
Salz und Pfeffer

Butter zerkleinern. Aus Mehl, Butter, Ei und einer Prise Salz rasch einen Mürbeteig kneten, im Kühlschrank 30 Minuten ruhen lassen.

Nun die gewünschte Füllung und den Guss vorbereiten. Für den Guss Sauerrahm, Eier und Parmesan verquirlen, mit den Gewürzen abschmecken und beiseite stellen.

Für die Spinat-Gorgonzola-Quiche den Blattspinat in einem Topf kurz andünsten und zusammenfallen lassen. Gut ausdrücken und grob schneiden. Zwiebel- und Knoblauchwürfel in etwas Butter anschwitzen. Gorgonzola grob zerkleinern. Alles zum Blattspinat geben und gut vermischen. Mit Salz, Pfeffer und Muskat abschmecken.

Für die Spargel-Tomaten-Quiche den Spargel im unteren Drittel schälen und in Salzwasser bissfest garen. Cocktailtomaten waschen, halbieren und mit Salz und Pfeffer würzen.

Für die Fenchel-Paprika-Quiche den Fenchel in Ringe schneiden und die Paprika vierteln. Getrennt kurz anschwitzen und anschließend vermengen. Mit Salz und Pfeffer abschmecken.

Backofen auf 175 Grad vorheizen. Den Teig aus dem Kühlschrank nehmen, ausrollen und eine Springform (Durchmesser 30 cm) damit auslegen. Die gewünschte Füllung auf den Teig geben, den Guss darauf verteilen und im Ofen ca. 40-45 Minuten auf der mittleren Schiene backen.

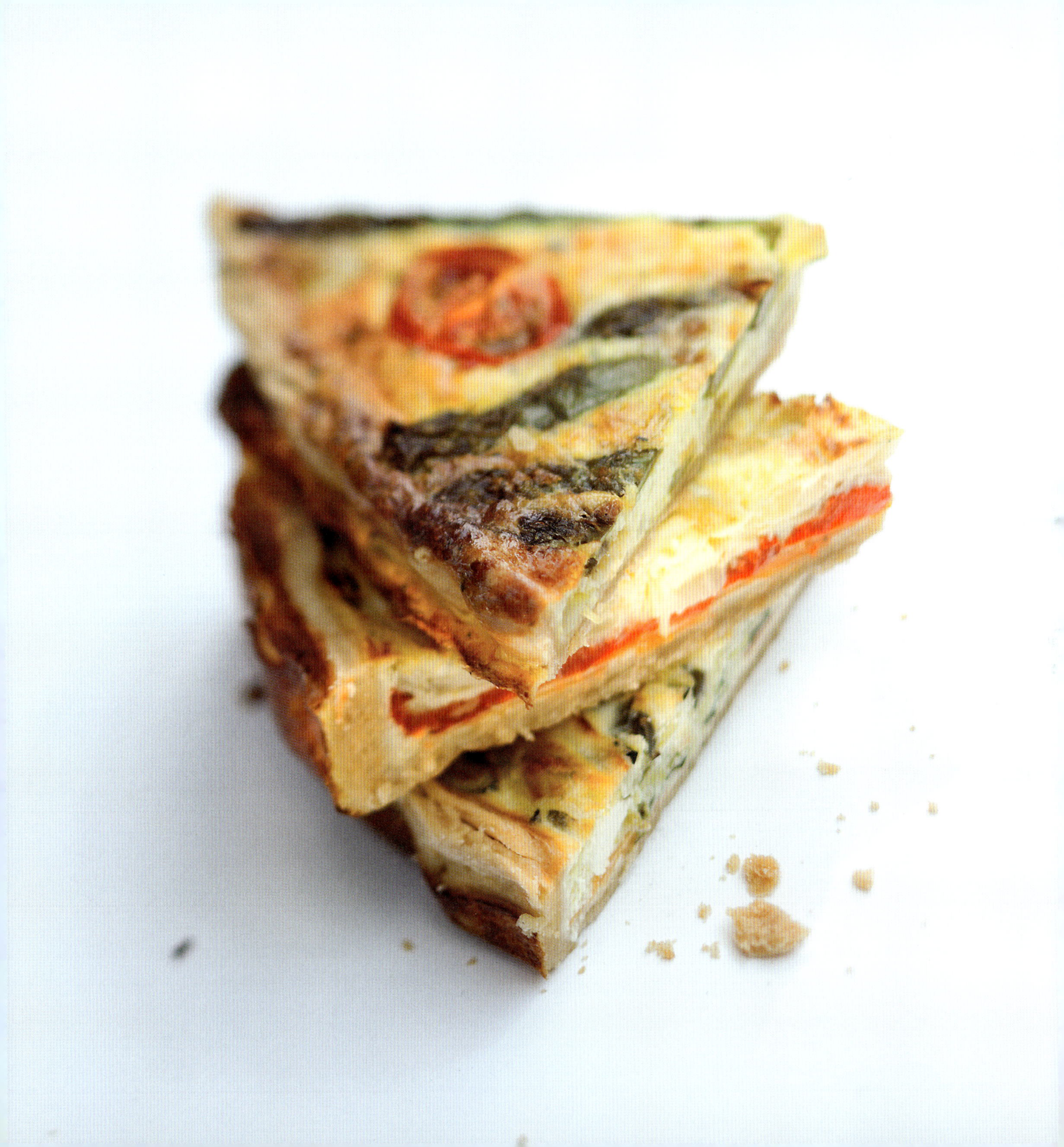

Kartoffelgratin

1 kg	Kartoffeln	2	Knoblauchzehen
350 ml	Milch	200 g	Bergkäse oder ein anderer wür-
350 g	Sahne		ziger Hartkäse
gekörnte Gemüse- oder Fleischbrühe		Salz, Pfeffer, Muskat	
2 EL	Butter für die Form		

Kartoffeln waschen, schälen und in feine Scheiben schneiden oder hobeln. Bergkäse grob reiben.

Eine flache Auflaufform mit Butter einfetten und die Kartoffeln dachziegelartig hineinschichten. Dabei einen Teil des geriebenen Käses dünn zwischen die Kartoffelscheiben streuen. Den Backofen auf 200 Grad vorheizen.

Die Knoblauchzehen schälen und hacken. Milch, Sahne und Knoblauch mit den Gewürzen verquirlen. Wichtig: Die Flüssigkeit kräftig abschmecken. Sie darf ausnahmsweise sogar eher etwas zu salzig sein! Die Sahnemilch über die Kartoffeln gießen.

Den restlichen Bergkäse darüber streuen und im heißen Ofen auf der unteren Schiene ca. 1 Stunde backen. Falls die Oberfläche zu dunkel wird, das Gratin mit Alufolie abdecken.

Dazu passt ein kleiner bunter Salat mit Tutzinger Sauce (Seite 26).

Tipp
Kartoffelgratin ist natürlich auch eine wunderbare vegetarische Hauptspeise oder eine leckere Beilage.

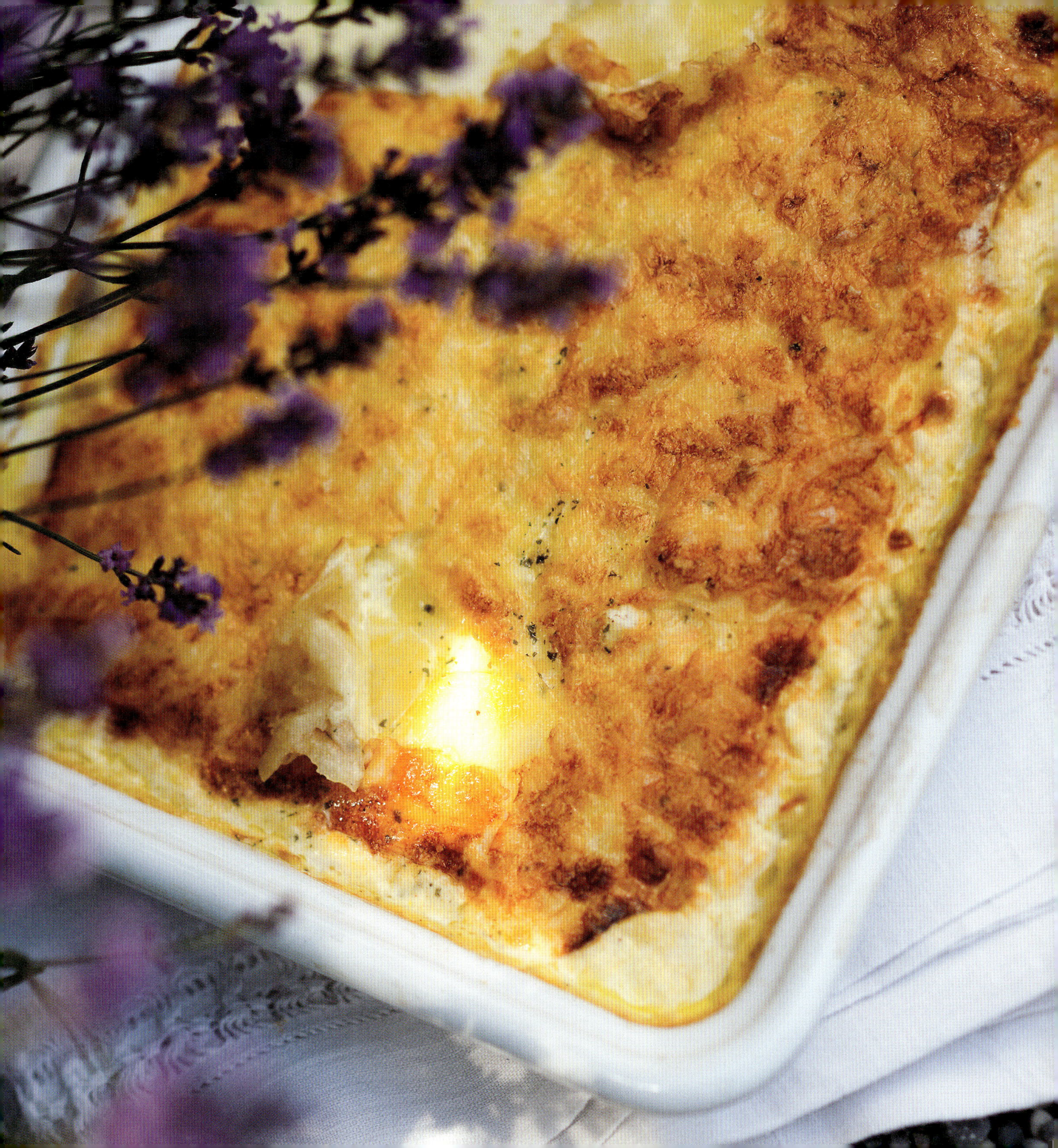

Überbackener Chicorée

4	Stauden Chicorée	200 ml	Weißwein
30 g	Butter	150 g	Bergkäse, Greyerzer oder ein anderer würziger Hartkäse
30 g	Mehl		
200 g	Sahne		Salz, Pfeffer, Muskat
200 ml	Gemüsebrühe		Blattpetersilie zum Bestreuen

Chicorée putzen, halbieren und in einem Topf mit Salzwasser bissfest dämpfen. Den Käse reiben und beiseite stellen.

In der Zwischenzeit die Béchamelsauce zum Überbacken vorbereiten. Dafür Butter in einer Kasserolle schmelzen, das Mehl einrühren und hellgelb anschwitzen. Mit Weißwein ablöschen, glatt rühren und mit Gemüsebrühe und Sahne aufgießen. Gewürze zugeben und ca. 5 Minuten köcheln lassen. Ungefähr ein Drittel des geriebenen Käses unter die Sauce rühren. Mit Salz, Pfeffer und Muskat abschmecken.

Backofen auf 180 Grad vorheizen. Chicorée gut abtropfen lassen und in eine gefettete Auflaufform legen. Mit der Béchamelsauce übergießen und mit dem restlichen Reibkäse bestreuen. Auf der mittleren Schiene 20-30 Minuten im Ofen überbacken, bis das Ganze ein hellbraunes Krüstchen erhält.

Mit der gehackten Blattpetersilie bestreuen und sofort servieren.

Tipp

Sie können die halbierten und gedämpften Chicoréestauden zusätzlich in gekochten Schinken einwickeln. Das schmeckt auch sehr gut!

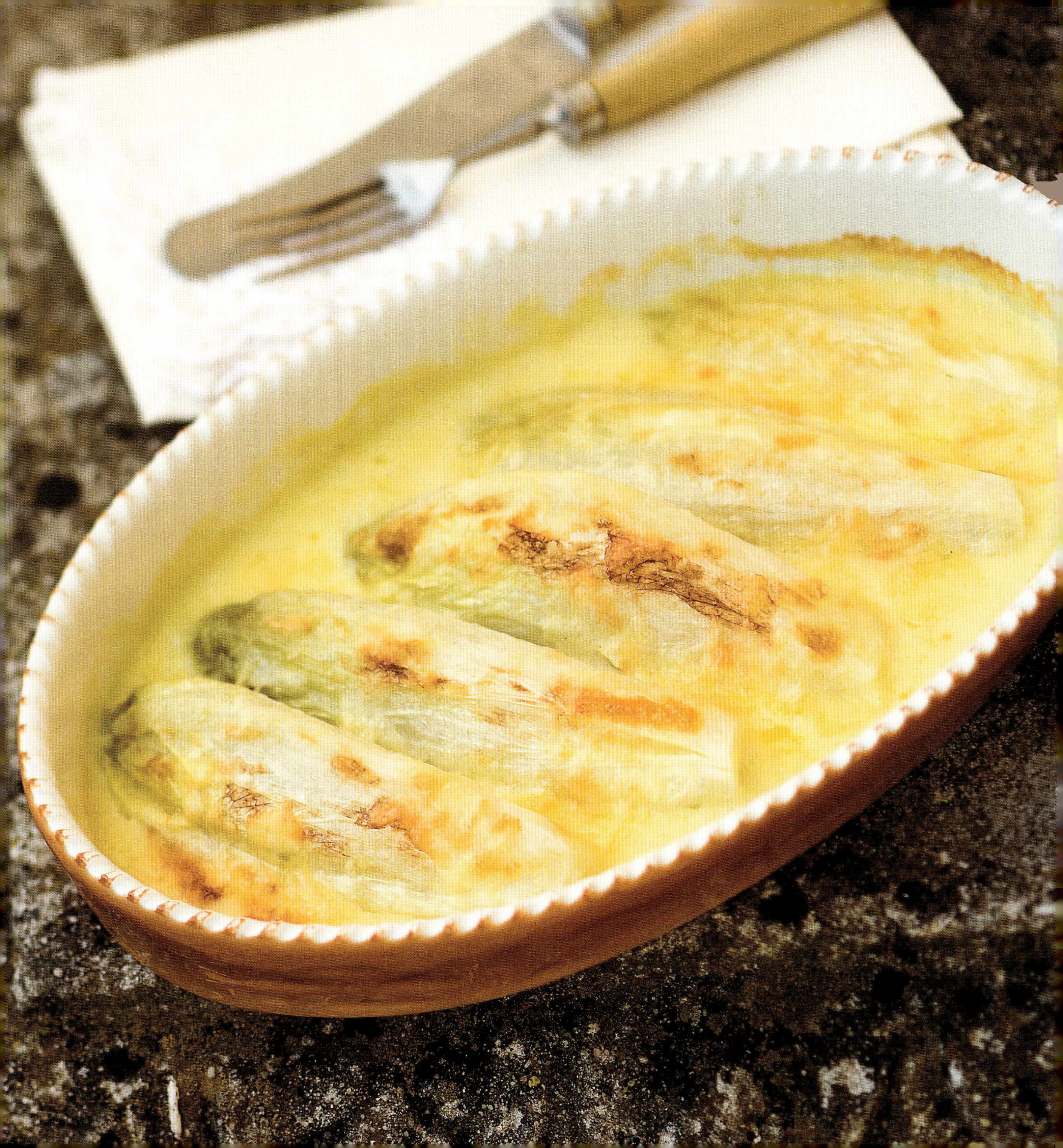

Kartoffel-Austernpilzstrudel mit roter Paprikasauce

Für den Strudelteig (reicht für 2 Strudel!)
200 g Mehl
1 Prise Salz
20 g geschmacksneutrales Öl, z. B. Rapsöl
1 Ei

Für die Füllung
750 g Kartoffeln
1 kleine Zwiebel
2 kleine Knoblauchzehen
200 g Austernpilze
100 g Ricotta, Sauerrahm oder Crème fraîche
1 EL Olivenöl oder Butter
50 g geriebener Käse
gekörnte Brühe nach Geschmack
Salz, Pfeffer, Petersilie, Schnittlauch, Thymian

Für die Sauce
250 g rote Paprika, gewürfelt
100 g Zwiebelwürfel
1 kleine Knoblauchzehe, gehackt
1 EL Olivenöl
150 ml Fleisch- oder Gemüsebrühe
50 g Sahne
1/2 EL Tomatenmark
Salz und Pfeffer

Das Ei aufschlagen, ohne Schale wiegen und mit Wasser auf insgesamt 150 g auffüllen. Für den Strudelteig alle Zutaten mit der Küchenmaschine oder den Knethaken eines Handrührgeräts 10 Minuten kneten. Der Teig muss sich von der Schüssel lösen, darf jedoch auch nicht zu fest sein. Evtl. noch etwas Wasser zugeben.

Zwei gleich große Teigkugeln formen, in eine mit Öl bestrichene Schale legen. Teigoberfläche mit Öl einpinseln. Mit einer Schüssel oder mit Klarsichtfolie abdecken. Teig mindestens eine Stunde ruhen lassen. Die zweite Teigkugel für den nächsten Strudel einfrieren oder die doppelte Menge Füllung für einen zweiten Strudel herstellen.

In der Zwischenzeit die Füllung vorbereiten. Dafür Kartoffeln kochen, schälen und in Scheiben schneiden. Zwiebeln und Knoblauch schälen und fein würfeln. Austernpilze putzen und je nach Größe halbieren oder dritteln.

Öl oder Butter in einer Pfanne erhitzen und die Zwiebel- und Knoblauchwürfel darin glasig dünsten. Die zerkleinerten Austernpilze sowie etwas gekörnte Brühe dazugeben und kurz anbraten. Zur Kartoffelmasse geben und unterrühren. Mit den Gewürzen abschmecken und anschließend den geriebenen Käse unterziehen. Den Backofen auf 175 Grad vorheizen.

Den Strudelteig auf einem sauberen Küchenhandtuch ausziehen. Dicke Teigränder abschneiden. Die Kartoffel-Austernpilzmischung auf den Strudelteig geben und gleichmäßig verstreichen. Dabei ringsum einen 5 cm breiten Rand frei lassen. Die Ränder einschlagen, durch Anheben des Tuches aufrollen und auf ein Backblech legen. Den Kartoffel-Austernpilzstrudel im vorgeheizten Ofen ca. 1 Stunde backen. Kurz ruhen lassen und dann in Scheiben schneiden.

Für die Sauce in einem Topf das Olivenöl erhitzen. Tomatenmark, Paprika, Zwiebel und Knoblauch kurz anschwitzen, mit der Brühe ablöschen und das Gemüse weich kochen. Sahne und Gewürze hinzugeben. Mit dem Mixstab fein pürieren und separat zum Strudel reichen.

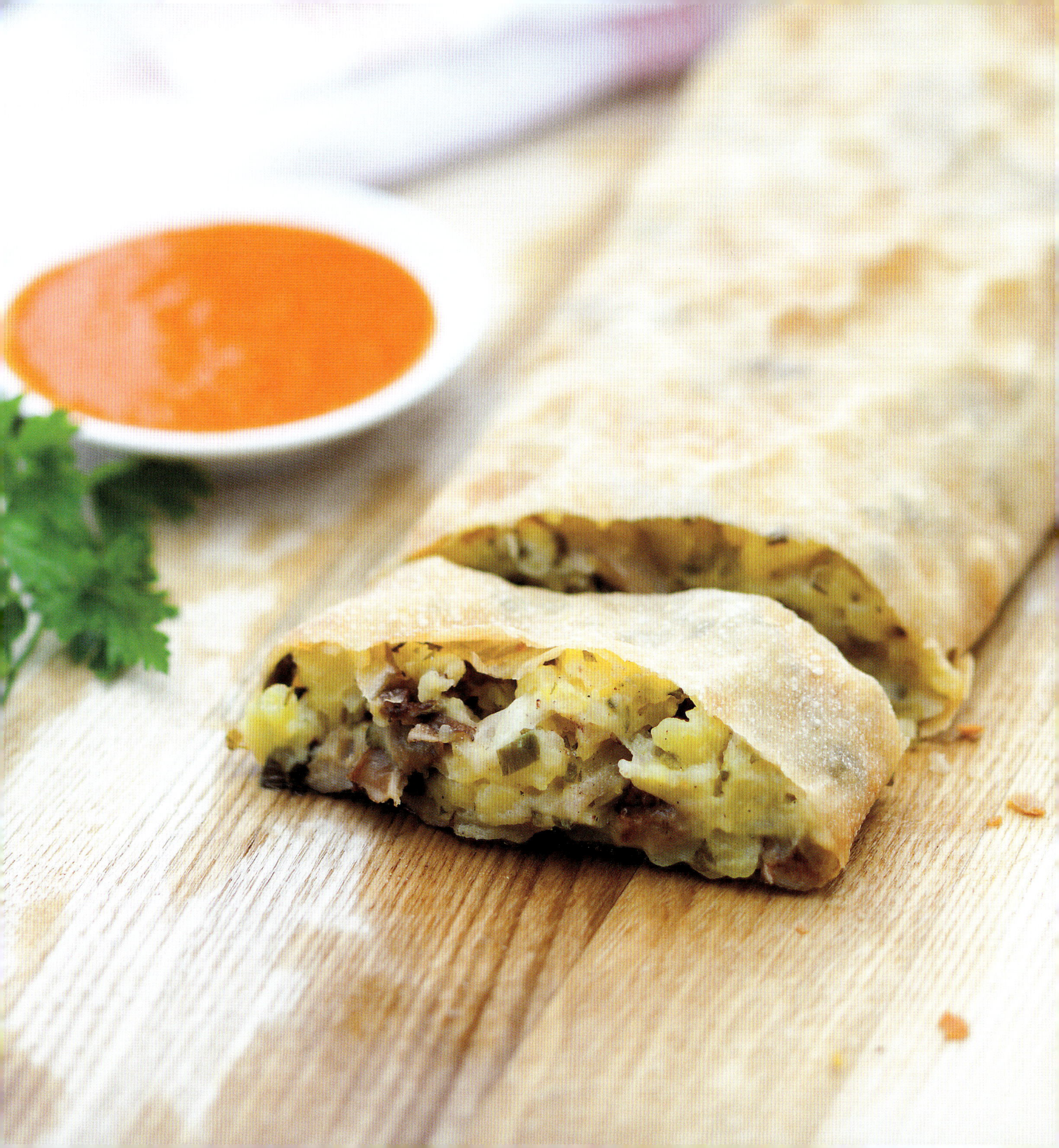

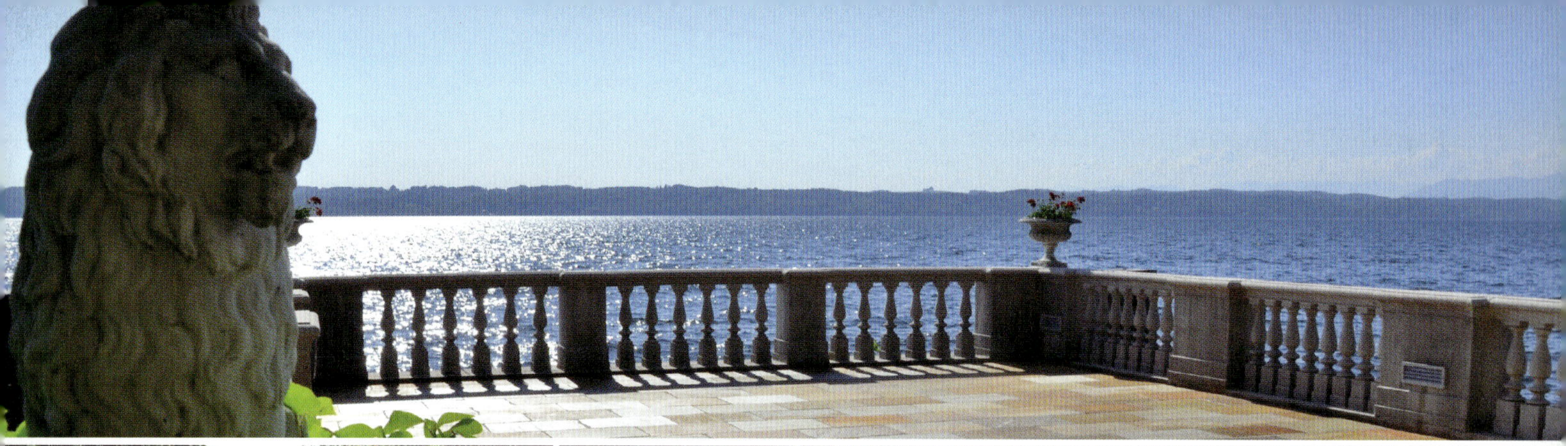
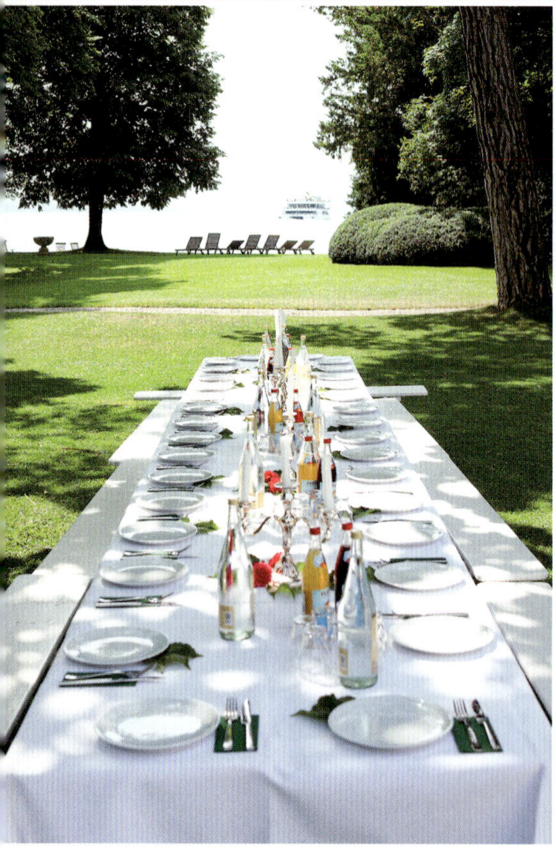
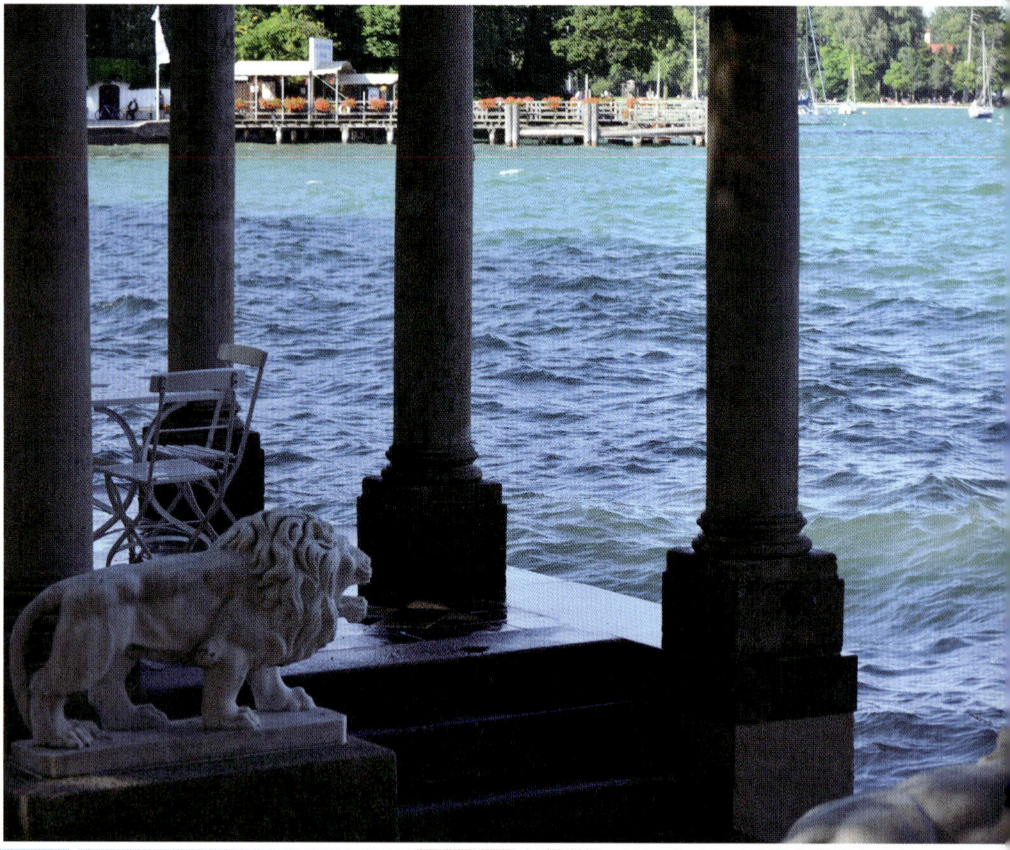
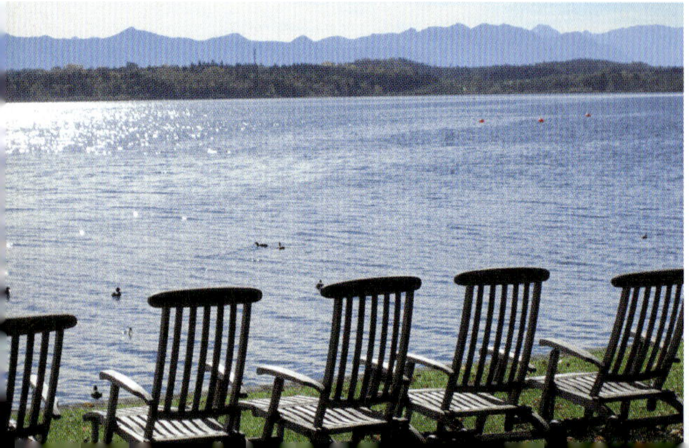
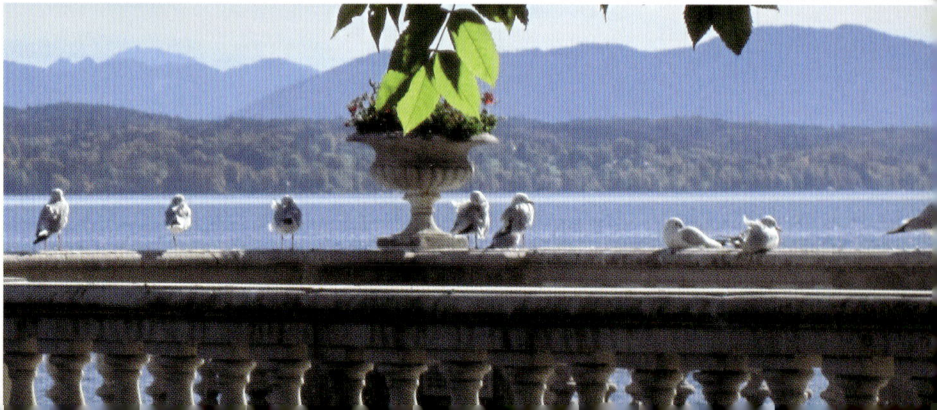

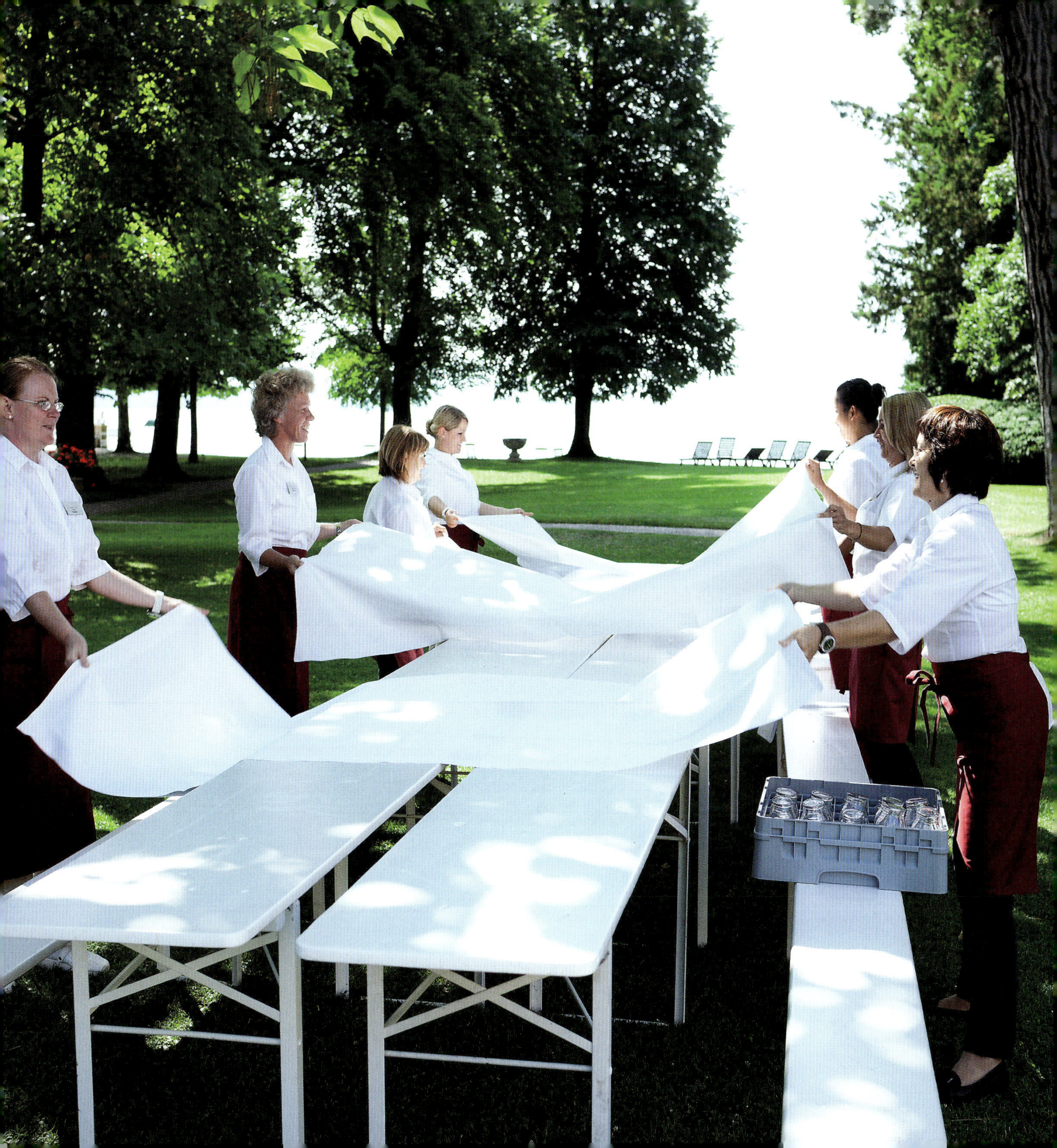

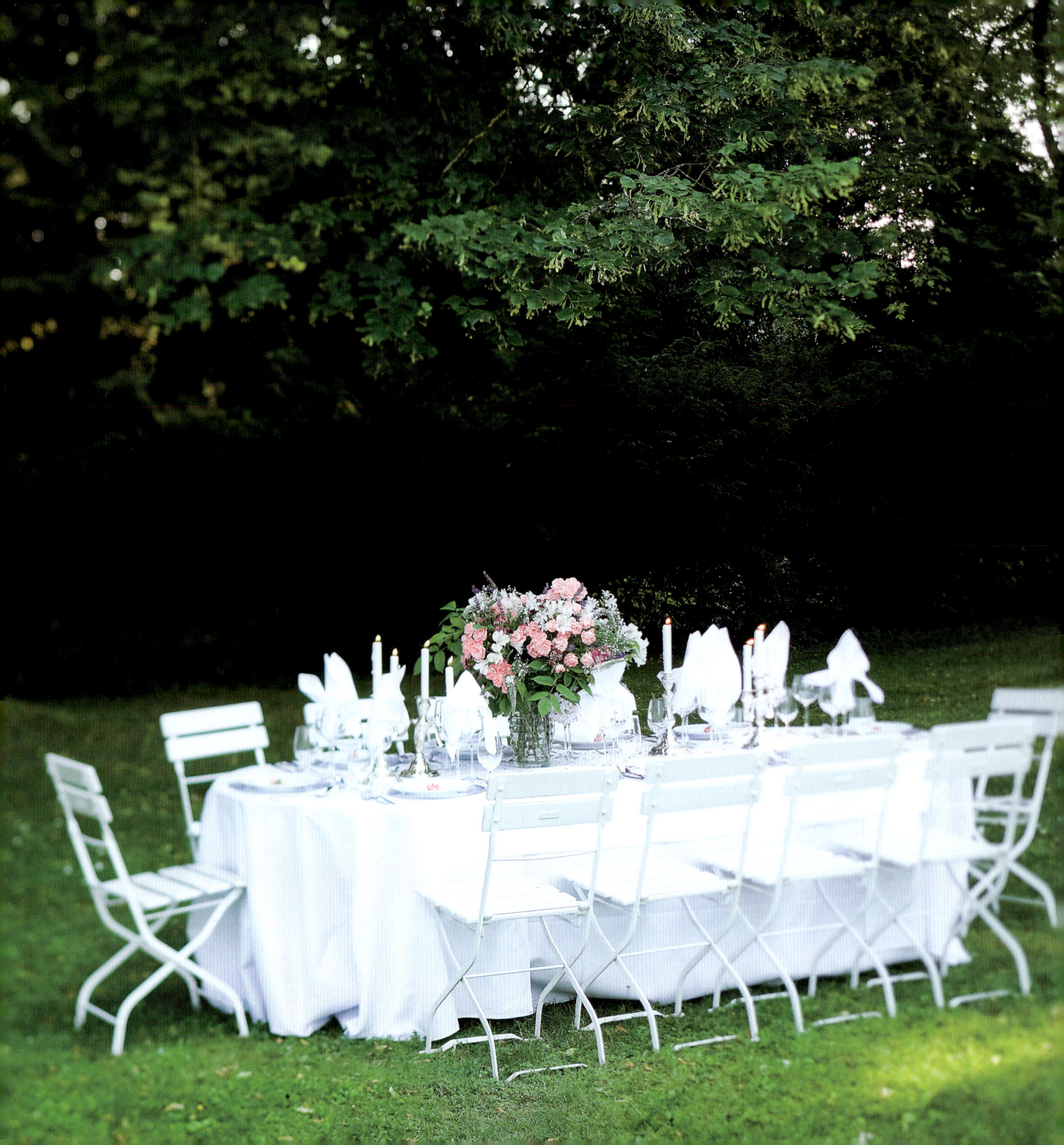

Hauptgerichte

Spinat-Käse-Knödel — 54	Wildschweinragout nach toskanischer Art — 66
Gebratene Renke aus dem Starnberger See — 56	Tafelspitz vom Rind mit Meerrettichsauce — 68
Hähnchenbrustfilet mit Zitronen-Mascaponesauce und buntem Reis — 58	Cannelloni mit Kürbisfüllung — 70
Zanderfilet mit Fenchelgemüse — 60	Lammkeule mit Rosmarinkartoffeln — 72
Rotes Thaicurry mit Gemüse — 62	Kichererbsengemüse mit Couscous — 74
Kalbsblankett — 64	Gemüse-Ricotta-Lasagne — 76

Spinat-Käse-Knödel

250 g	Knödelbrot oder 4 Brötchen vom Vortag	2	Knoblauchzehen	**Für die Selleriesauce**	
250 g	frischer Blattspinat, gedämpft, oder 250 g TK-Blattspinat, aufgetaut	1	kleines Stück Ingwer	200 g	Knollensellerie, gewürfelt
		1	EL Olivenöl	1/2	Zwiebel, gewürfelt
		4	Eier	1 EL	Butter
50 g	Parmesan		Semmelbrösel bei Bedarf	250 ml	Gemüsebrühe
1	Zwiebel		Salz, Muskat, Chili	50 g	Sahne
				etwas Weißwein	
				Salz und Pfeffer	

Blattspinat leicht ausdrücken und auf einem Küchenbrett mit einem großen Messer grob hacken.

Zwiebel, Ingwer und Knoblauchzehen schälen. Zwiebel und Knoblauch in feine Würfel schneiden, den Ingwer fein reiben. In Olivenöl anschwitzen, salzen und beiseite stellen. Parmesan reiben.

Das Knödelbrot oder die Brötchen würfeln, in eine große Schüssel geben und mit dem Spinat und den Eiern vermengen. Die angeschwitzten Zwiebel- und Knoblauchwürfel und den geriebenen Parmesan dazugeben. Alles zu einem geschmeidigen Teig verarbeiten. Mit Salz, Muskat und Chilipulver würzen. Evtl. mit Semmelbröseln andicken.
10 Minuten ruhen lassen.

In einem großen Topf reichlich Salzwasser zum Kochen bringen. Mit nassen Händen aus dem Teig 12 Knödel formen. Im leicht kochenden Salzwasser ca. 12 Minuten ziehen lassen.

Für die Sauce die gewürfelte Knollensellerie und Zwiebel mit etwas Butter anbraten und mit Gemüsebrühe und Weißwein ablöschen. Ca. 15 Minuten weich köcheln, Sahne dazugeben und mit dem Mixstab pürieren.
Mit Salz und Pfeffer abschmecken.

Die Knödel mit der Selleriesauce und geriebenem Parmesan servieren.

Tipp
Die Spinat-Käse-Knödel schmecken auch sehr gut mit gebräunter Butter und frisch geriebenem Parmesan oder einem Karotten-Staudenselleriegemüse!

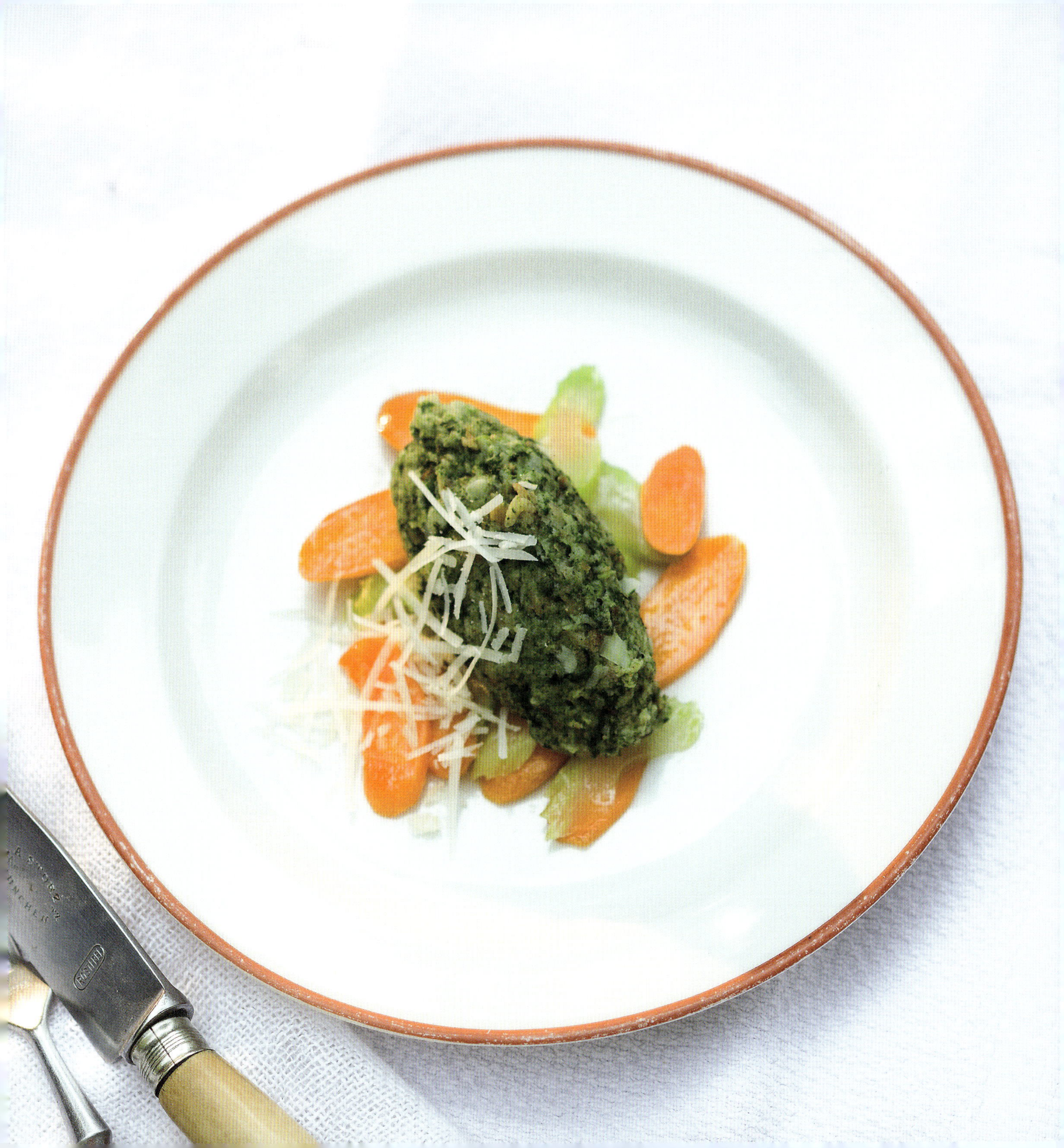

Gebratene Renke aus dem Starnberger See

8	Renkenfilets mit Haut (à 100 g)	\multicolumn{2}{l}{Für die Petersilienkartoffeln}
1	Zitrone (Saft)	1 kg	festkochende Kartoffeln
\multicolumn{2}{l}{Butterschmalz}	1 TL	Salz
\multicolumn{2}{l}{Mehl}	50 g	Butter
\multicolumn{2}{l}{Salz und Pfeffer}	2 EL	gehackte Petersilie

Die Zitrone halbieren und auspressen. Die Fischfilets waschen, trocken tupfen und mit Zitronensaft marinieren.

Die Kartoffeln gründlich waschen, evtl. mit einer Bürste säubern und in gesalzenem Wasser ca. 20 Minuten gar kochen. Kartoffeln schälen, vierteln und mit der Butter und der gehackten Petersilie mischen.

Die Renkenfilets salzen und in Mehl wenden. Das überschüssige Mehl abklopfen. Butterschmalz in einer Pfanne erhitzen.

Die Fischfilets mit der Hautseite nach unten in das heiße Fett legen und 1 Minute braten. Vorsichtig wenden und noch einmal 1 Minute braten. Je zwei Renkenfilets mit den Petersilienkartoffeln auf vorgewärmten Tellern anrichten und sofort servieren.

Tipp
Selbstverständlich können Sie auch ganze Renken als Portionsfische braten. Diese werden besonders knusprig, wenn Sie sie vor dem Braten in einer Mischung aus Mehl und Semmelbröseln wenden. Und noch ein Tipp: Genauso können Sie auch Forellen oder Saiblinge zubereiten.

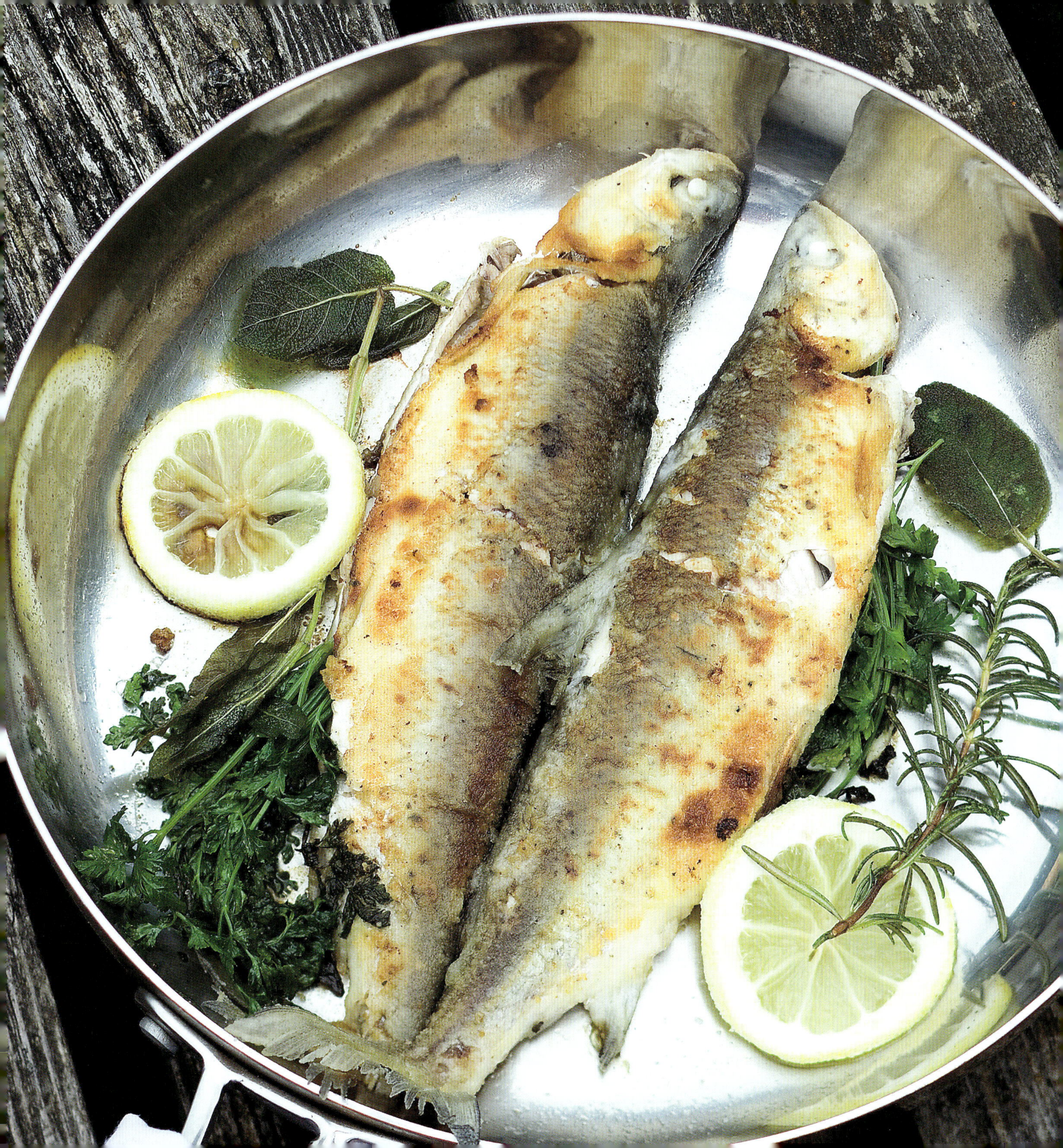

Hähnchenbrustfilet mit Zitronen-Mascarponesauce und buntem Reis

600 g	Hähnchenbrustfilet	1 Msp	Rohrzucker
2 EL	Öl	Salz, Pfeffer, Chili	
25 g	Butter		
25 g	Mehl	**Für den bunten Reis**	
100 g	Sahne	200 g	Basmatireis
150 g	Mascarpone	1	kleine Karotte, gewürfelt
250 ml	Gemüsebrühe	1 EL	grüne TK-Erbsen
1-2	unbehandelte Zitronen (Schale und Saft)	2 EL	Wildreis
		Salz	

Hähnchenbrustfilets salzen, pfeffern und in einer Pfanne mit etwas Öl von beiden Seiten kurz anbraten. Beiseite stellen.

Für die Sauce die Butter in einem Topf schmelzen und das Mehl hineinrühren. Nach und nach mit Gemüsebrühe, Sahne und Mascarpone auffüllen. Zum Kochen bringen und 10 Minuten unter Rühren köcheln lassen.

In der Zwischenzeit die Zitrone abreiben und auspressen. Die Sauce mit Salz, Chilipulver, Zitronensaft und -abrieb abschmecken. Den Backofen auf 100 Grad vorheizen.

Die Hähnchenbrustfilets in eine Auflaufform geben, mit der Sauce bedecken und ca. 30 Minuten im vorgeheizten Backofen garen.

In der Zwischenzeit den Wildreis nach Packungsangabe kochen. Für den Basmati 400 ml gesalzenes Wasser zum Kochen bringen. Den Basmatireis dazugeben und ca. 20 Minuten garen. Nach der Hälfte der Garzeit die gewürfelte Karotte und die Erbsen dazugeben. Zum Schluss mit dem Wildreis mischen und zu den Hähnchenbrustfilets servieren.

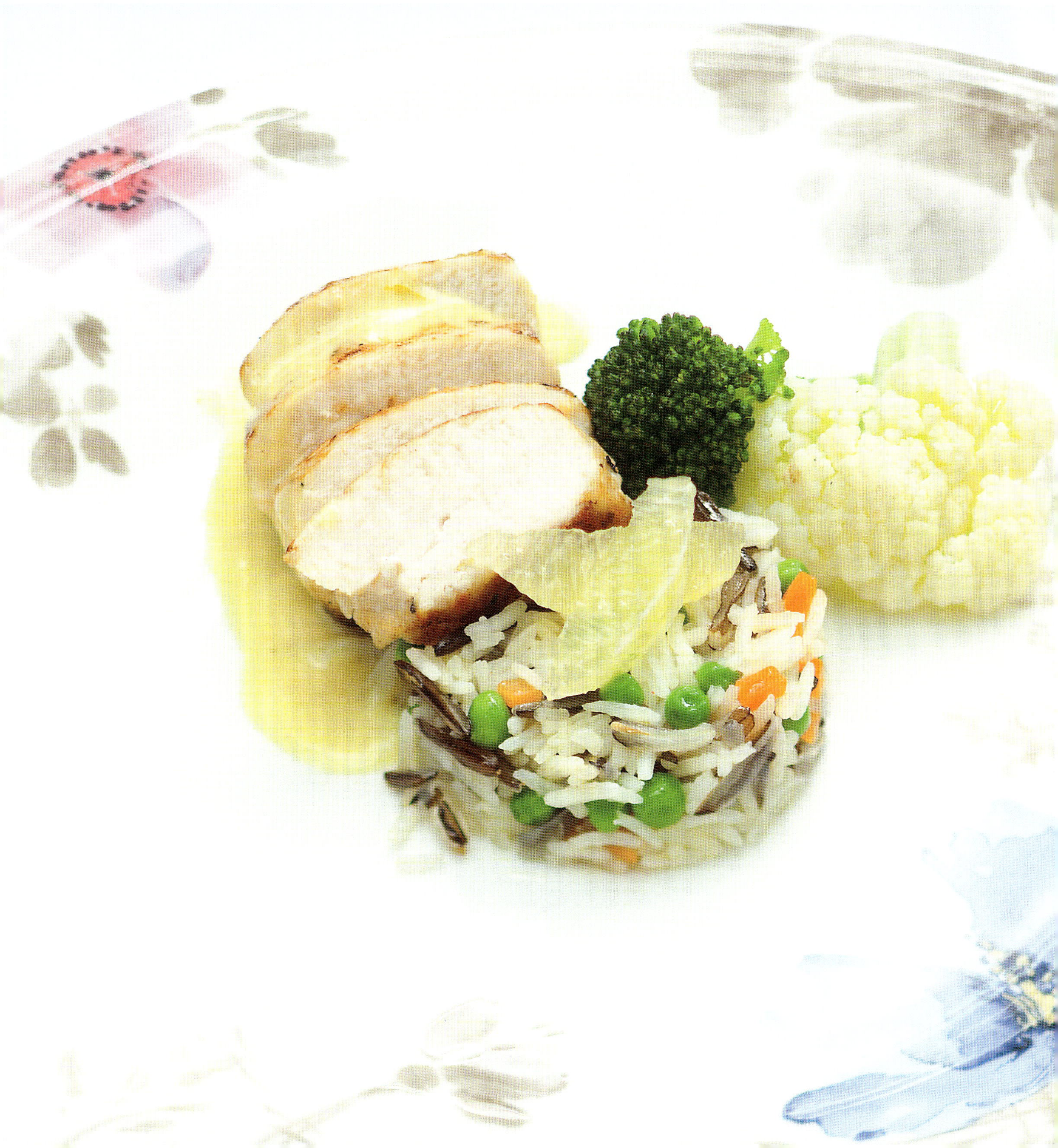

Zanderfilet mit Fenchelgemüse

4	Zanderfilets ohne Haut (à 150 g) oder alternativ Lachsfilets	100 g	Sahne Dijonsenf, fein und grob, nach Geschmack frischer Dill		Für das Fenchelgemüse
1	unbehandelte Zitrone			2	Fenchelknollen
Butter				1	Zwiebel
Salz und Pfeffer				2	Knoblauchzehen

4 Zanderfilets ohne Haut (à 150 g) oder alternativ Lachsfilets
1 unbehandelte Zitrone
Butter
Salz und Pfeffer

Für die Dijonsenfsauce zum Zander
20 g Mehl
20 g Butter
400 ml Gemüsebrühe

100 g Sahne
Dijonsenf, fein und grob, nach Geschmack
frischer Dill

Für die Safransauce zum Lachs
20 g Mehl
20 g Butter
100 ml Weißwein
100 g Sahne
300 ml Gemüsebrühe
Safranfäden oder gemahlener Safran
Salz

Für das Fenchelgemüse
2 Fenchelknollen
1 Zwiebel
2 Knoblauchzehen
1 Karotte
150 g Cocktailtomaten
Weißwein oder Pernod
Olivenöl
Salz

Die Fischfilets waschen, trocken tupfen und salzen. Die Zitrone achteln und beiseite stellen.

Nun die entsprechende Sauce zubereiten. Für die Dijonsenfsauce das Mehl in Butter anschwitzen und mit der Gemüsebrühe ablöschen. Die Flüssigkeit unter ständigem Rühren aufkochen und einige Minuten köcheln lassen.
Die Sahne hinzufügen, noch mal aufkochen und mit dem Dijonsenf pikant abschmecken.
Zum Schluss den gehackten Dill dazugeben.

Für die Safransauce ebenfalls eine Mehlschwitze zubereiten. Mit Weißwein und Gemüsebrühe ablöschen. Aufkochen und die Sahne hinzugeben, die Safranfäden in der kochenden Flüssigkeit auflösen und mit Salz abschmecken.

Den Fenchel waschen, das Grün abschneiden, hacken und beiseite legen. Den Strunk entfernen und den Fenchel in feine Streifen schneiden. Karotte, Zwiebel und Knoblauch schälen. Die Karotte in Scheiben und die Zwiebel sowie den Knoblauch in Würfel schneiden.

Zwiebel- und Knoblauchwürfel in wenig Öl leicht anbraten und mit Weißwein und etwas Wasser ablöschen. Fenchelstreifen und Karottenscheiben dazugeben, salzen und bei schwacher Hitze garen. Kurz vor Ende der Garzeit die gewaschenen Cocktailtomaten hinzufügen. Mit Salz abschmecken und mit dem gehackten Fenchelgrün bestreuen.

Die Zanderfilets in Butter von beiden Seiten braten. Auf vorgewärmten Tellern zusammen mit dem Fenchelgemüse und der Dijonsenfsauce anrichten. Dazu passen Butterkartöffelchen.

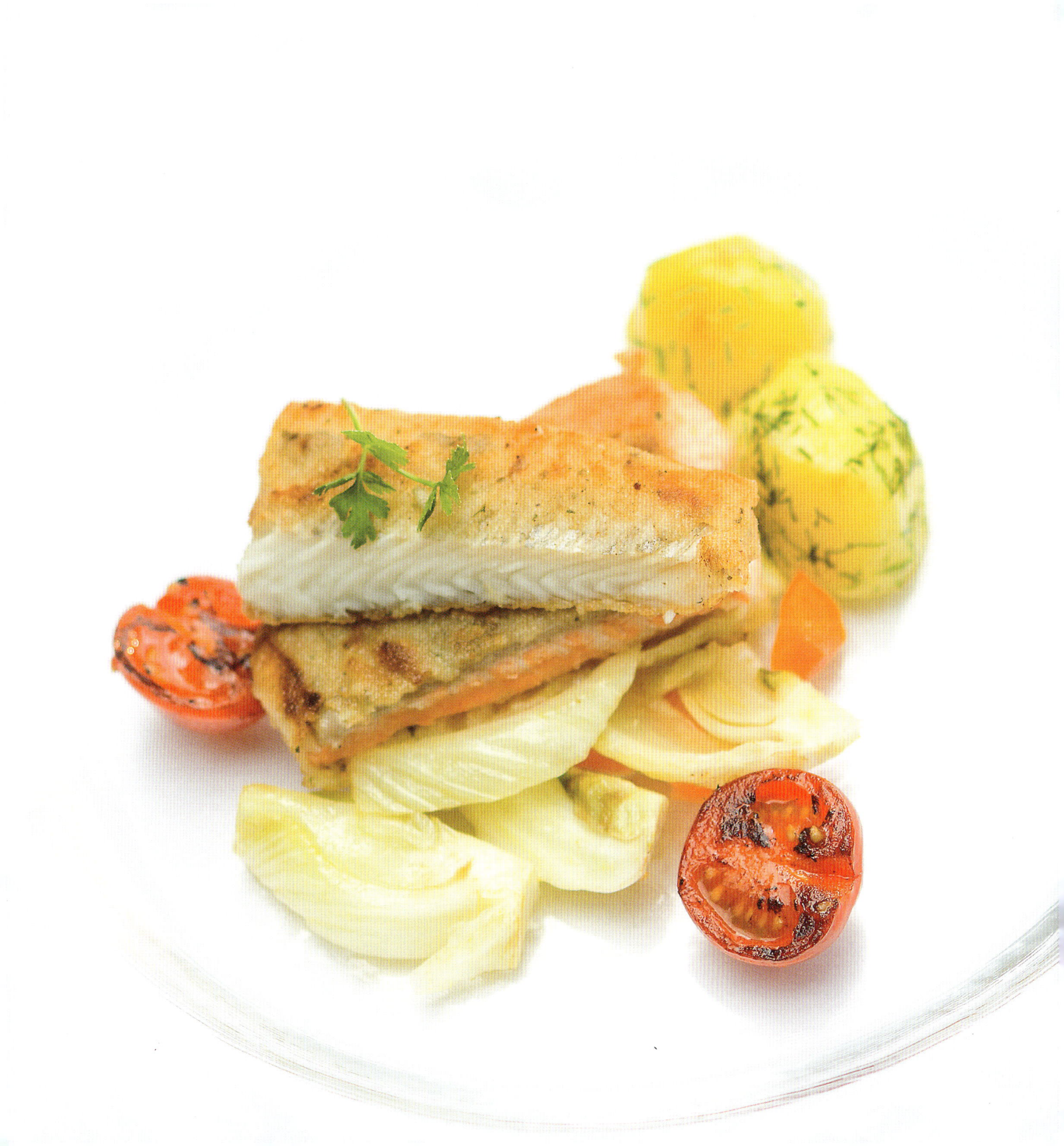

Rotes Thaicurry mit Gemüse

400 ml	Kokosmilch (Dose)	200 g Grönlandgarnelen
5	Kaffirblätter (aus dem Asienladen)	200 g Basmatireis
1 kg	Gemüse (z. B. Zuckerschoten, Karotten, Brokkoli, Süßkartoffeln, Auberginen, Zucchini, Champignons)	rote Currypaste nach Geschmack Thai-Basilikum, gehackt Salz

Gemüse je nach Sorte putzen und schälen. Anschließend mundgerecht zerkleinern.

Die Kokosmilch mit der roten Currypaste und den Kaffirblättern aufkochen und salzen.

Das Gemüse nacheinander je nach Garzeit in die rote Kokosmilch geben und bissfest kochen. Zum Schluss die Grönlandgarnelen dazugeben und noch kurz im Thaicurry erhitzen.

Parallel dazu 400 ml Wasser aufkochen, salzen und den Basmatireis darin ca. 20 Minuten garen.

Zusammen mit dem Thaicurry auf vorgewärmten Tellern servieren.

Mit gehacktem Thai-Basilikum bestreuen.

Tipp
Probieren Sie auch mal grünes Thaicurry! Dazu verwenden Sie grüne Currypaste oder ersetzen einen Teil des Gemüses durch Hähnchenbrustfilet.

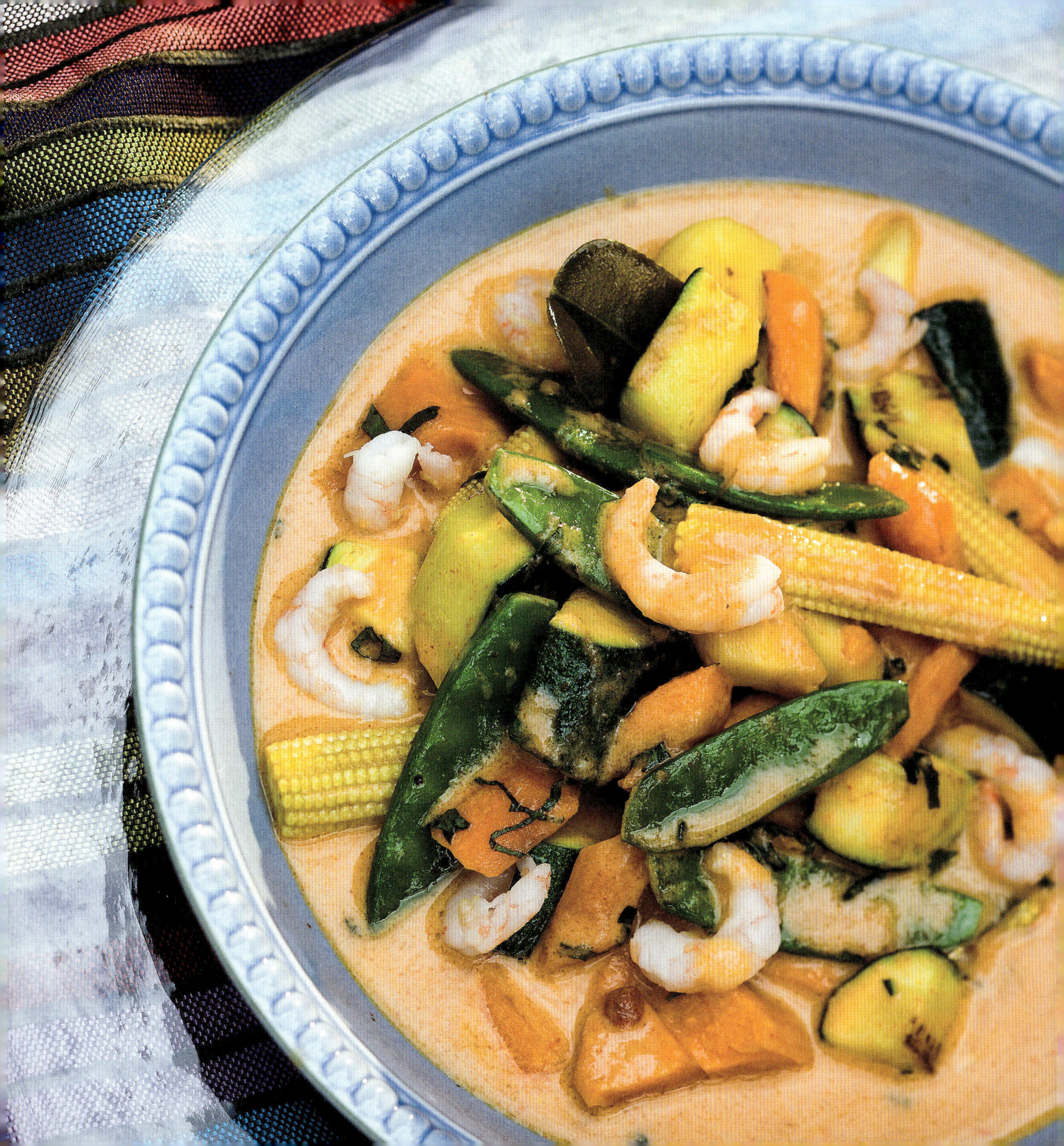

Kalbsblankett

700 g	Kalbsgulasch	40 g	Mehl
2	Zwiebeln	100 g	Sahne
1/4	Sellerieknolle	1	Lorbeerblatt
1	kleine Stange Lauch	1	Nelke
1 Stück	Petersilienwurzel		Weißwein oder Noilly Prat
2	Karotten		schwarze Pfefferkörner
40 g	Butterschmalz		Salz und Pfeffer

Zwiebeln, Sellerieknolle, Petersilienwurzel und Karotten schälen und in feine Würfel schneiden. Butterschmalz in einem Schmortopf erhitzen, das Fleisch dazugeben und bei großer Hitze in 10 Minuten rundherum leicht bräunen.
Das gewürfelte Gemüse hinzufügen und kurz mitdünsten.

Lorbeerblatt, Pfefferkörner und Nelke in ein Gewürzsäckchen geben. Das Ragout mit Weißwein und Sahne ablöschen, das Gewürzsäckchen dazugeben und zugedeckt ca. 45 Minuten dünsten.

Wenn das Fleisch gar ist, das Gewürzsäckchen entfernen. Mit Salz und Pfeffer abschmecken und mit Mehl binden. Dazu passen neue Kartoffeln oder Spätzle sowie Gemüse der Saison.

Tipp
Sie können das Kalbsblankett auch mit Spargelspitzen, gegarten Schalotten oder frischen Champignons variieren. Wenn Sie statt Kalbsgulasch Hähnchenbrustfilet verwenden, geht es viel schneller. Dann ist das Hähnchenblankett in 15 Minuten gar.

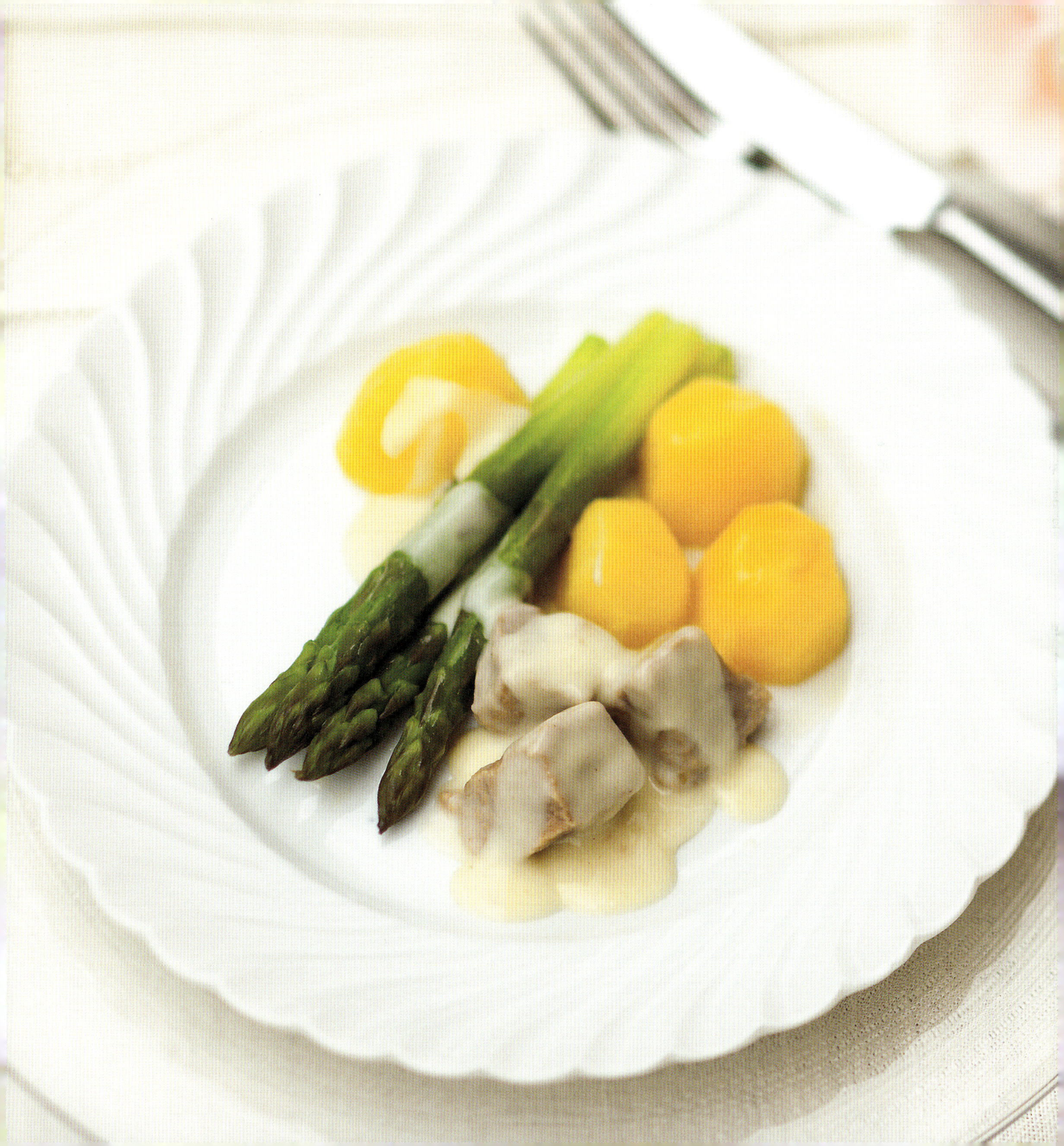

Wildschweinragout nach toskanischer Art

700 g	Wildschweingulasch	1	Lorbeerblatt		
2 EL	Olivenöl	1	Nelke		
4	Zwiebeln	10	Pfefferkörner		
50 g	Tomatenmark	1	Rosmarinzweig		
400 g	Pizzatomaten (Dose)				
200 ml	Rotwein				
800 ml	Fleischbrühe				

Für die Polentaschnitten
130 g   Polentagrieß
1/2 l   Milch
1 EL   Butter
3 EL   geriebener Parmesan
gekörnte Fleisch- oder Gemüsebrühe
Salz, Muskat
Butter zum Anbraten

Zwiebeln schälen und würfeln, Öl in einem flachen Topf erhitzen. Das Gulasch darin von allen Seiten kräftig anbraten, aus dem Topf nehmen und beiseite stellen.

Die Zwiebelwürfel in demselben Topf anbraten, das Tomatenmark dazugeben und kurz anrösten. Das angebratene Fleisch und die Gewürze hinzufügen. Immer wieder mit etwas Rotwein oder Fleischbrühe und den Pizzatomaten ablöschen. Das Ganze ca. 1,5 Stunden im geschlossenen Topf köcheln lassen.

In der Zwischenzeit für die Polentaschnitten Milch mit Salz, Butter und etwas gekörnter Brühe in einem Topf aufkochen, Polentagrieß und Parmesan einfließen lassen, mit einem Schneebesen glatt rühren. Aufkochen, von der Herdplatte nehmen und einige Minuten ziehen lassen.

Kuchen- oder Terrinenform mit Frischhaltefolie auskleiden, heiße Polenta einfüllen, glatt verstreichen. Nach dem Erkalten stürzen, Folie entfernen und in ca. 1 cm dicke Scheiben schneiden. Butter in einer Pfanne erhitzen und die Polentaschnitten darin beidseitig anbraten.

Wenn das Gulasch gar ist, das Fleisch aus dem Topf nehmen und in eine vorgewärmte Schüssel geben.

Gulasch auf vorgewärmten Tellern mit den gebratenen Polentaschnitten servieren.

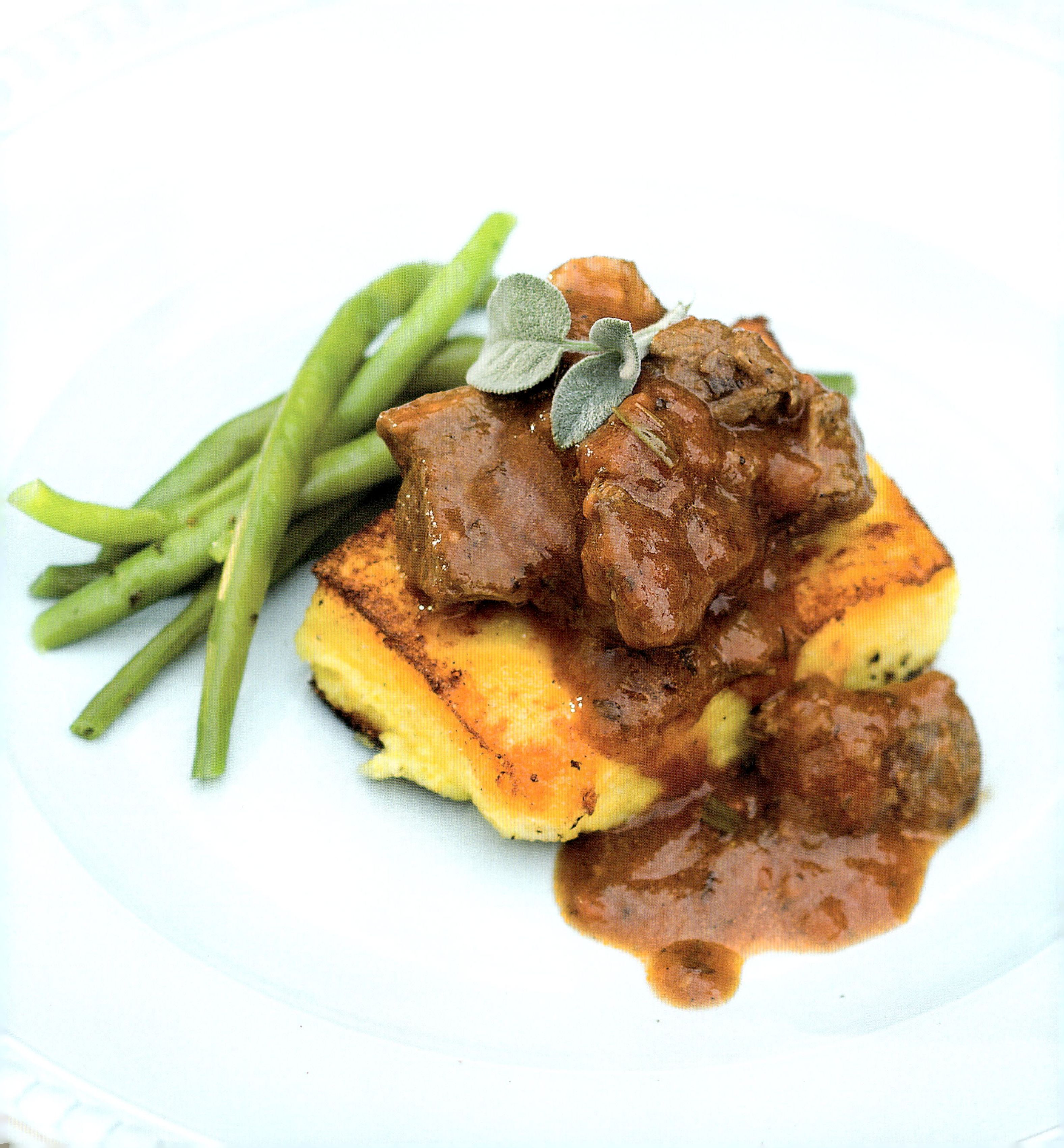

Tafelspitz vom Rind mit Meerrettichsauce

700 g	Tafelspitz (Bürgermeisterstück)		**Für die Meerrettichsauce**		**Für den Spitzkohl**
1	Karotte	30 g	Mehl	800 g	Spitzkohl, geputzt
1/4	Knollensellerie	30 g	Butter	20 g	Butter
1/2	kleine Lauchstange	400 ml	Fleischbrühe		gekörnte Gemüsebrühe
1	Petersilienwurzel	100 g	Sahne		Salz, Kümmel
2	Zwiebeln	2 EL	Meerrettich, frisch gerieben oder aus dem Glas		
10	Pfefferkörner				Schnittlauch zum Bestreuen
3	Nelken	1 Prise	Zucker		
1	Lorbeerblatt		Salz		
Salz und Pfeffer					

Zwiebeln waschen und mit der Schale in grobe Würfel schneiden. Das übrige Gemüse ebenfalls waschen, putzen und grob zerkleinern. 1,5 l kaltes Wasser in einem großen Topf mit dem Gemüse und den Gewürzen zum Kochen bringen.

Das Fleisch in die kochende Brühe legen und im geschlossenen Topf ca. 1,5 Stunden garen.

Den Spitzkohl in Rauten schneiden. In Butter anbraten, etwas Brühe sowie gemahlenen Kümmel hinzufügen und bissfest dünsten. Mit Salz und Pfeffer würzen.

Für die Sauce das Mehl in einem Topf mit der Butter hell anrösten. Mit der kalten Fleischbrühe ablöschen und mit einem Schneebesen glatt rühren. Unter ständigem Rühren zum Kochen bringen und die Sauce etwa 5 Minuten leicht köcheln lassen. Meerrettich und Sahne dazugeben. Mit Zucker abrunden und mit Salz abschmecken.

Das Fleisch aus der Brühe nehmen und in Scheiben schneiden. Mit dem Spitzkohl auf vorgewärmten Tellern anrichten, mit der Meerrettichsauce begießen und mit gehacktem Schnittlauch bestreuen. Dazu passen Petersilienkartoffeln.

Tipp
Auch „G'röschte Kartoffeln" schmecken ausgezeichnet zu diesem urbayerischen Gericht. Gekochte Kartoffeln vom Vortag in ca. 5 mm dicke Scheiben schneiden. In Butter braten und häufig wenden, bis sie goldbraun sind. Mit etwas Salz und Kümmel bestreuen.

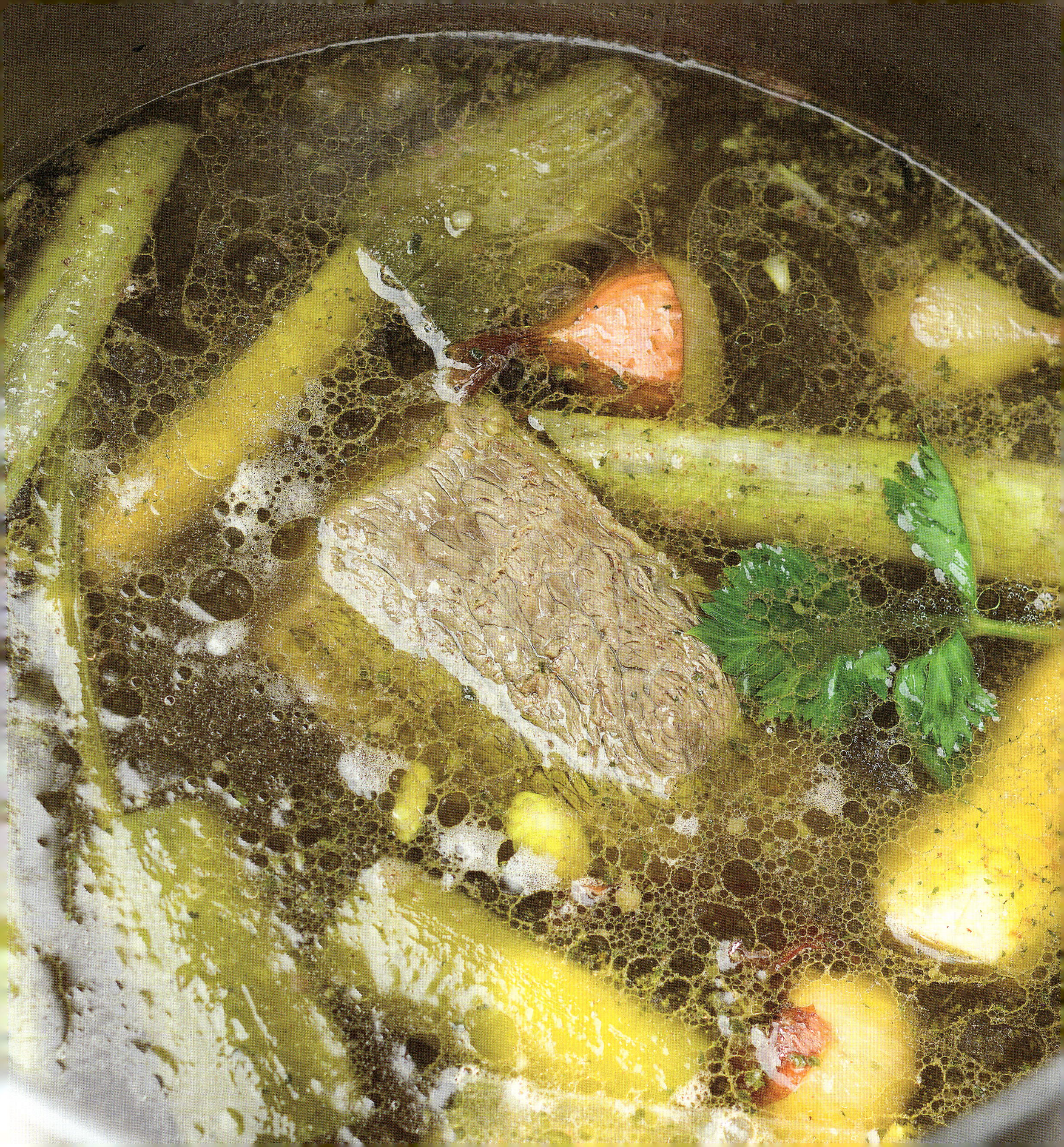

Cannelloni mit Kürbisfüllung

12	Cannelloni	
300 g	Hokkaidokürbis-Würfel	
2 EL	Olivenöl	
200 g	Ricotta	
1	Zwiebel	
2	Knoblauchzehen	
1	kleines Stück Ingwer	
50 g	Parmesankäse, gerieben	

gekörnte Gemüsebrühe
Petersilie, gehackt
Salz, Muskat

Für die Béchamelsauce
30 g Butter
30 g Mehl
1/2 l Milch
gekörnte Gemüsebrühe
Salz, Pfeffer, Muskat

Für die Tomatensauce
400 g Pizzatomaten (Dose)
1 Zwiebel
1 Knoblauchzehe
1 EL Olivenöl
1 Lorbeerblatt
1 TL Oregano
1 Schuss Sahne
Salz und Pfeffer

100 g Bergkäse oder Mozzarella, gerieben
Kürbiskerne zum Garnieren

Zwiebel, Knoblauch und Ingwer schälen und fein hacken. Zusammen mit dem gewürfelten Kürbis in einer Pfanne mit Olivenöl anbraten. Wenn das Gemüse weich ist, mit einem Mixstab pürieren. Ricotta und Parmesan dazugeben, mit gekörnter Gemüsebrühe und den Gewürzen abschmecken. Zum Schluss die gehackte Petersilie unterziehen und beiseite stellen.

Für die Béchamelsauce Butter in einer Kasserolle schmelzen, das Mehl einrühren und farblos anschwitzen. Milch nach und nach mit dem Schneebesen unterrühren. Ca. 5 Minuten kochen lassen, dann mit Salz, Pfeffer und Muskat würzen.

Für die Tomatensauce Zwiebel und Knoblauchzehe ebenfalls schälen und fein hacken.
Das Olivenöl in einem Topf erhitzen. Zwiebel und Knoblauchwürfel anschwitzen und die Tomaten samt Saft hinzufügen. Lorbeerblatt und Oregano dazugeben, salzen und pfeffern. Die Sauce zugedeckt bei milder Hitze 15 Minuten köcheln lassen.

Einen Schuss Sahne einfließen lassen und noch mal mit Salz und Pfeffer kräftig abschmecken. Das Lorbeerblatt herausnehmen und wegwerfen.

Den Backofen auf 200 Grad vorheizen. Den Boden einer flachen feuerfesten Form fingerbreit mit Tomatensauce bedecken. Die Cannelloni mit der Ricotta-Kürbismasse füllen und in die Form schichten. Mit der Béchamelsauce übergießen und zum Schluss mit dem geriebenen Käse bestreuen. Die Cannelloni im heißen Ofen auf der unteren Schiene etwa 40 Minuten garen.

Die Kürbiskerne in einer Pfanne ohne Fett kurz anrösten und vor dem Anrichten auf die Cannelloni streuen.

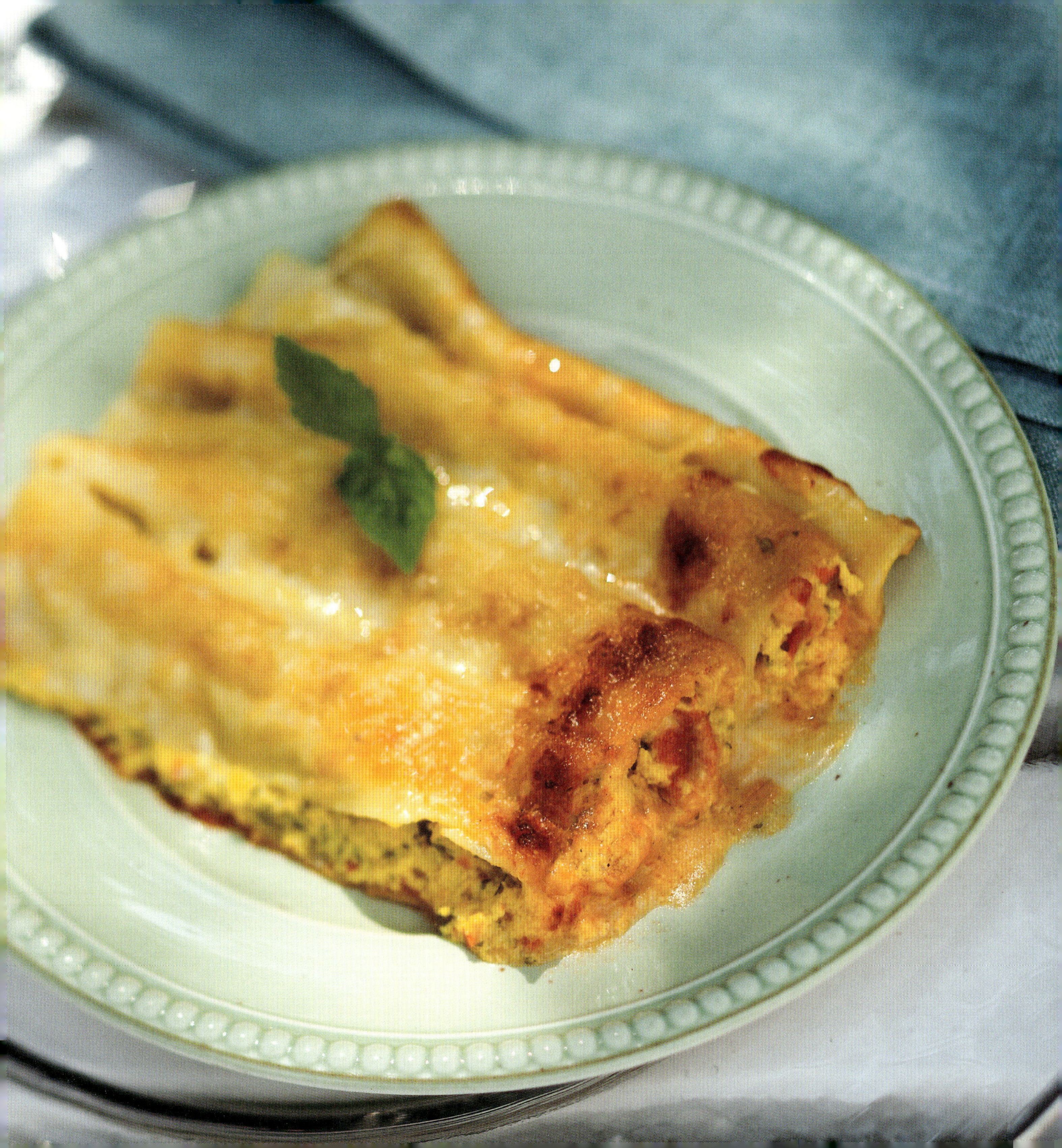

Lammkeule mit Rosmarinkartoffeln

1	Lammkeule, küchenfertig, ohne Knochen	150 ml	Weißwein		**Für die Rosmarinkartoffeln**
2	Zwiebeln	1 EL	Majoran	1 kg	Kartoffeln
3	Knoblauchzehen	2	Rosmarinzweige	5	Knoblauchzehen
3	Karotten	Salz und Pfeffer		3 EL	Olivenöl
1	Zitrone (Saft)			1	Rosmarinzweig
10 EL	Olivenöl			Salz und Pfeffer	

Zwiebeln, Knoblauch und Karotten schälen. Zwiebeln und Knoblauch würfeln. Die Karotten grob zerkleinern.

Die Lammkeule kalt abspülen, trocken tupfen, salzen und pfeffern. In einem Bräter mit 4 EL Olivenöl anbraten und wieder herausnehmen. Die Zitrone auspressen, mit Majoran und 6 EL Olivenöl verrühren. Rosmarinzweig in den Bräter legen. Die Lammkeule mit der Fettseite nach oben darauf setzen und mit der Zitronen-Majoran-Ölmarinade einreiben. Ungefähr eine halbe Stunde ruhen lassen. In der Zwischenzeit den Backofen auf 200 Grad vorheizen.

Die Kartoffeln schälen und in grobe Würfel schneiden. Die Knoblauchzehen schälen und halbieren. Die Rosmarinnadeln von den Zweigen zupfen und hacken. In einer großen Schüssel Kartoffeln, Knoblauch und Rosmarin mit Olivenöl mischen. Mit Salz und Pfeffer würzen und auf ein tiefes Backblech geben. Im 200 Grad heißen Ofen in ca. 60 Minuten knusprig braten.

150 ml heißes Wasser sowie den Weißwein in den Bräter zur Keule gießen. In der Mitte des Ofens bei 200 Grad 45 Minuten braten. Dabei hin und wieder mit dem entstehenden Fond beschöpfen. Nun das vorbereitete Gemüse hinzufügen und weitere 45 Minuten braten.

Die Lammkeule in Scheiben schneiden, mit dem Schmorgemüse und den Rosmarinkartoffeln auf vorgewärmten Tellern anrichten.

Tipp
Damit sich der Aufwand lohnt, achten Sie beim Fleischeinkauf unbedingt auf Qualität, sowohl hinsichtlich der Herkunft als auch der einwandfreien Metzgerarbeit.

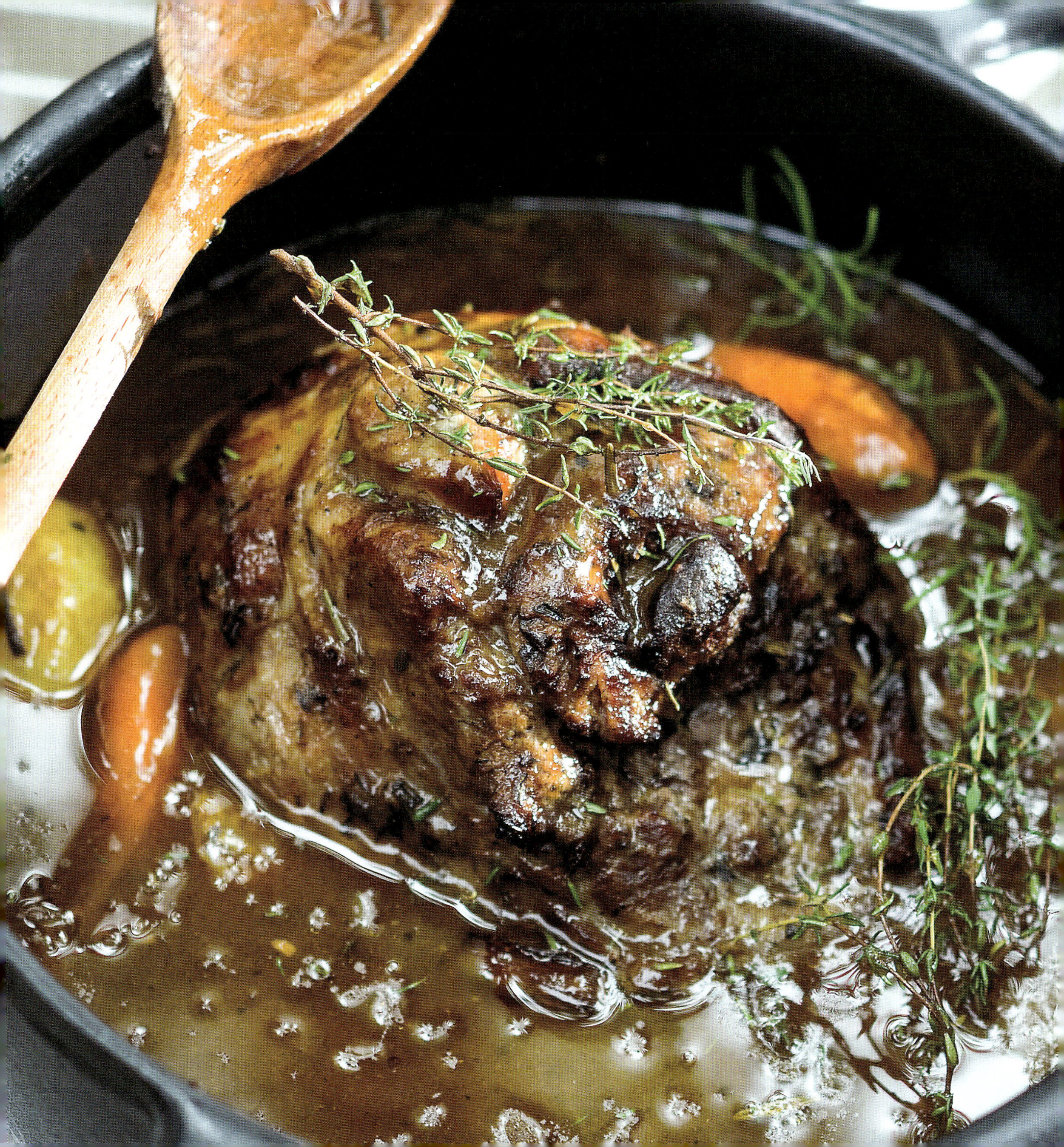

Kichererbsengemüse mit Couscous

60 g	Kichererbsen, über Nacht eingeweicht	400 g	Pizzatomaten (Dose)		**Für den Couscous**
750 g	Gemüse wie Auberginen, Paprika, Süßkartoffeln, Kürbis, grüne Bohnen	50 g	getrocknete Aprikosen, fein gewürfelt	250 g	Couscous
		1	Zimtstange		Olivenöl
		1	Lorbeerblatt		Salz
1	Zwiebel	1/2 Bund frischer Koriander			
2	Knoblauchzehen	Sambal Oelek			
1	kleines Stück Ingwer	Kreuzkümmel, Koriander, Kardamom, Kurkuma			

Kichererbsen garen. Zwiebel, Ingwer und Knoblauchzehen schälen und fein würfeln. Das Gemüse je nach Sorte putzen, waschen und in Würfel schneiden.

Zwiebel, Ingwer, Knoblauch und die gemahlenen Gewürze in einer großen Pfanne mit Olivenöl anbraten. Das vorbereitete Gemüse – je nach Garzeit – dazugeben. Die Pizzatomaten samt Saft hinzufügen, ebenso die getrockneten Aprikosen sowie die Zimtstange und das Lorbeerblatt. Das Ganze zum Kochen bringen und garen, bis das Gemüse bissfest ist. Gegarte Kichererbsen dazugeben. Mit Sambal Oelek vorsichtig würzen und das Kichererbsengemüse abschmecken.

Inzwischen für den Couscous 250 ml Wasser mit dem Olivenöl zum Kochen bringen. Couscous einstreuen, umrühren und einmal aufkochen. Den Topf vom Herd nehmen und den Couscous zugedeckt 5 Minuten quellen lassen. Dann mit einer Gabel auflockern und etwas salzen.

Den frischen Koriander hacken und das Kichererbsengemüse damit bestreuen. Zusammen mit dem Couscous anrichten.

Tipp
Naturjoghurt dazu reichen. Evtl. Kichererbsen aus der Dose verwenden, oder eine größere Menge kochen und z. B. zu Hummus verarbeiten.

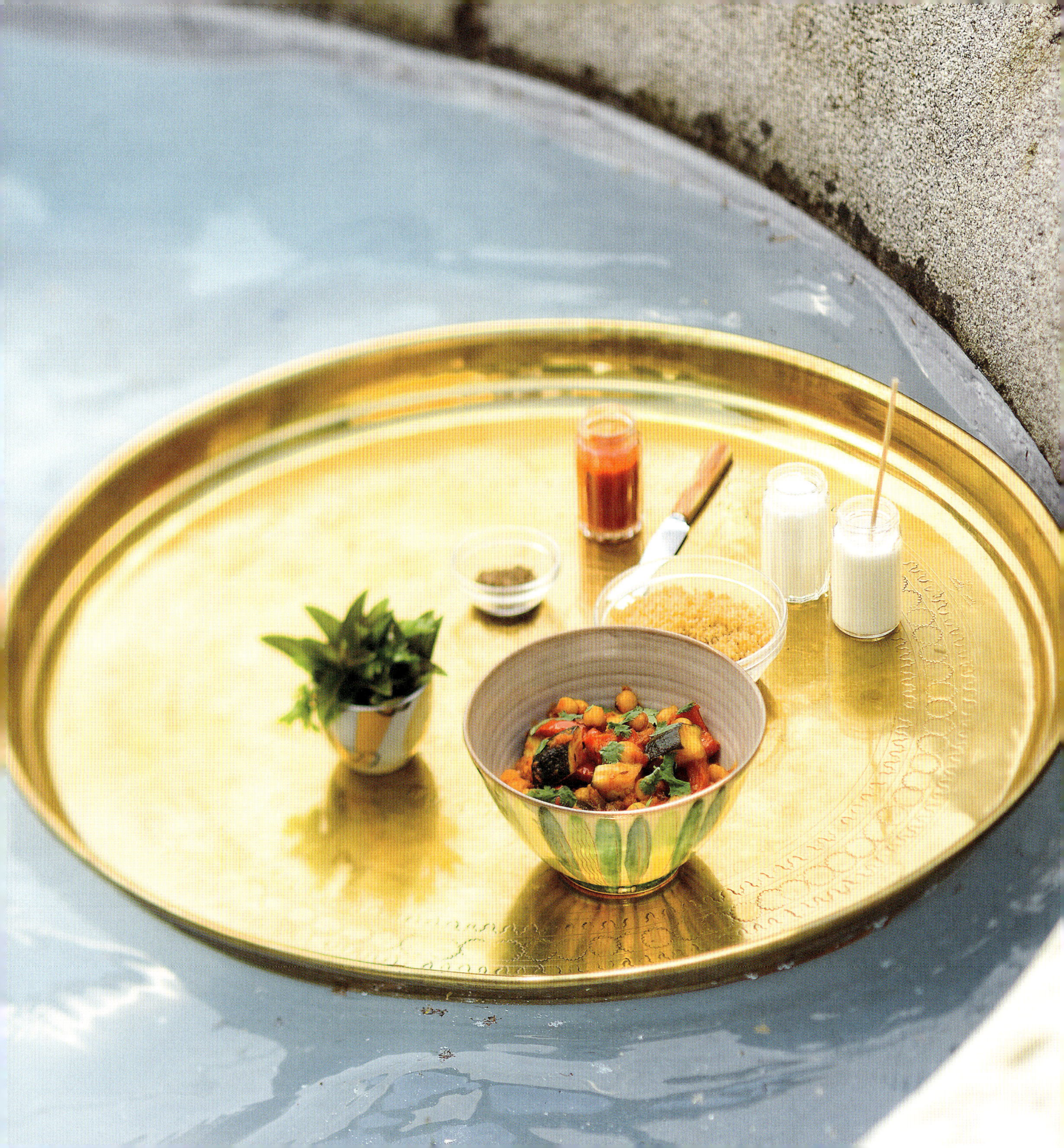

Gemüse-Ricotta-Lasagne

1 kg	Gemüse (z. B. Zucchini, Auberginen, rote und gelbe Paprika)
2	Knoblauchzehen
300 g	Lasagneblätter
150 g	Emmentaler
Olivenöl zum Anbraten	
Salz	

Für die Ricottamasse

200 g	Ricotta
1	Zwiebel
1	Knoblauchzehe
100 g	Parmesan, gerieben
1 EL	Olivenöl
Gemüsebrühe	
Petersilie, gehackt	
Salz, Pfeffer, Muskat	

Für die Tomatensauce

400 g	Pizzatomaten (Dose)
1	Zwiebel
1	Knoblauchzehe
1 EL	Olivenöl
1	Lorbeerblatt
1 TL	Oregano
1 Schuss Sahne	
Salz und Pfeffer	

Gemüse waschen, putzen und je nach Sorte schälen. Zucchini und Aubergine der Länge nach in Scheiben schneiden, Paprika vierteln. Das Gemüse mit den gehackten Knoblauchzehen in Olivenöl anbraten und salzen. Beiseite stellen.

Für die Ricottamasse Zwiebel und Knoblauch schälen und fein hacken. Beides in Olivenöl kurz anschwitzen. Parmesan mit etwas Gemüsebrühe verrühren, die gehackte Petersilie unterziehen und mit Salz, Pfeffer und Muskat würzen.

Für die Tomatensauce Zwiebel und Knoblauchzehe ebenfalls schälen und fein hacken. Das Olivenöl in einem Topf erhitzen. Zwiebel- und Knoblauchwürfel anschwitzen und die Tomaten samt Saft hinzufügen. Lorbeerblatt und Oregano dazugeben, salzen und pfeffern. Die Sauce zugedeckt bei milder Hitze 15 Minuten köcheln lassen. Einen Schuss Sahne dazugeben und noch mal mit Salz und Pfeffer kräftig abschmecken. Das Lorbeerblatt herausnehmen und wegwerfen.

Emmentaler reiben.
Den Backofen auf 200 Grad vorheizen.

Die Zutaten in eine feuerfeste Form schichten. Dafür zuerst den Boden der Form mit der Tomatensauce bedecken, dann die ungekochten Lasagneblätter darauf legen. Nun folgt die Ricottamasse, anschließend eine Schicht Gemüse – und wieder von vorne. Die letzte Schicht soll aus Tomatensauce und geriebenem Käse bestehen.

Die Lasagne in den heißen Ofen schieben und auf der unteren Schiene ca. 45 Minuten backen.

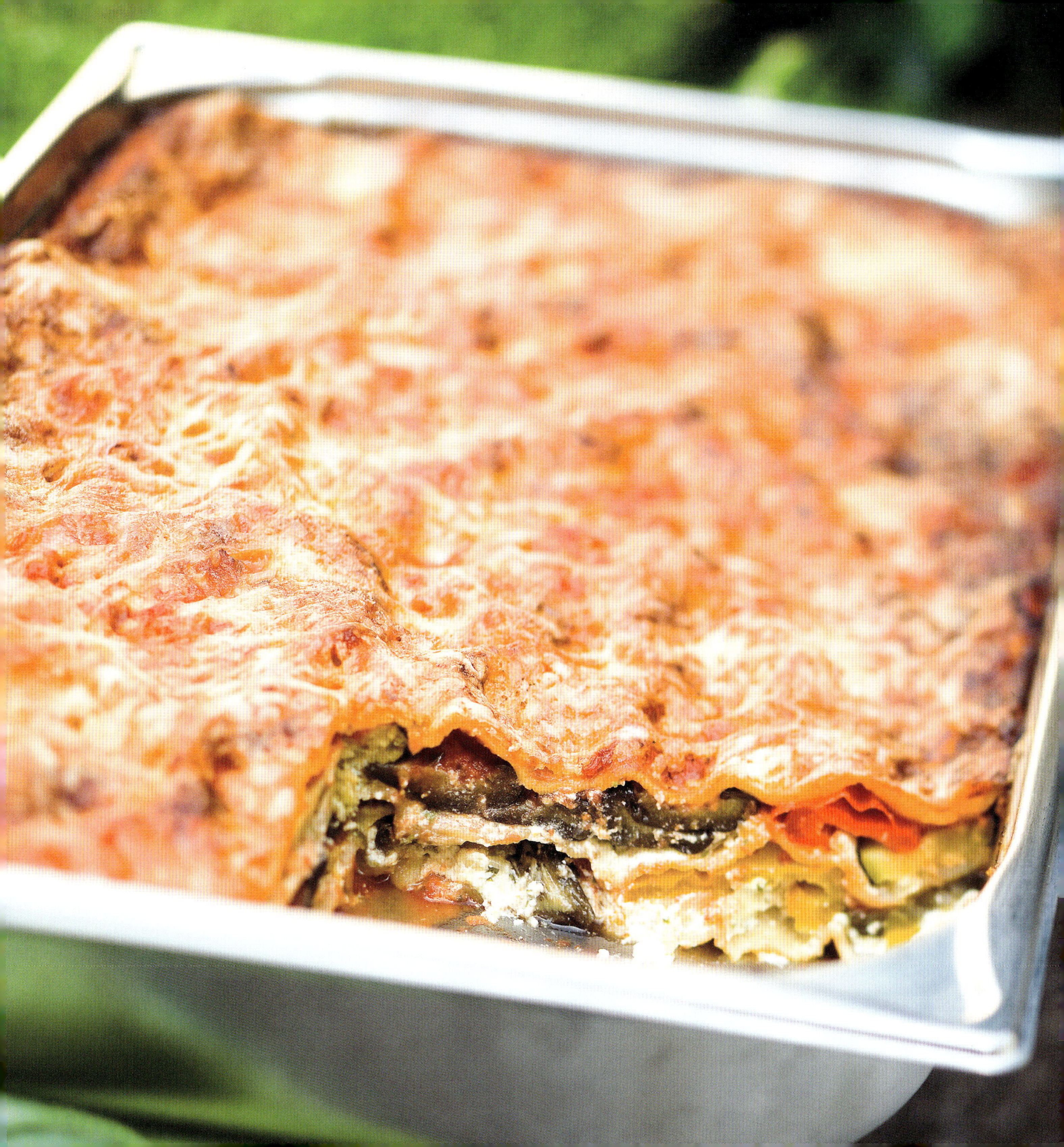

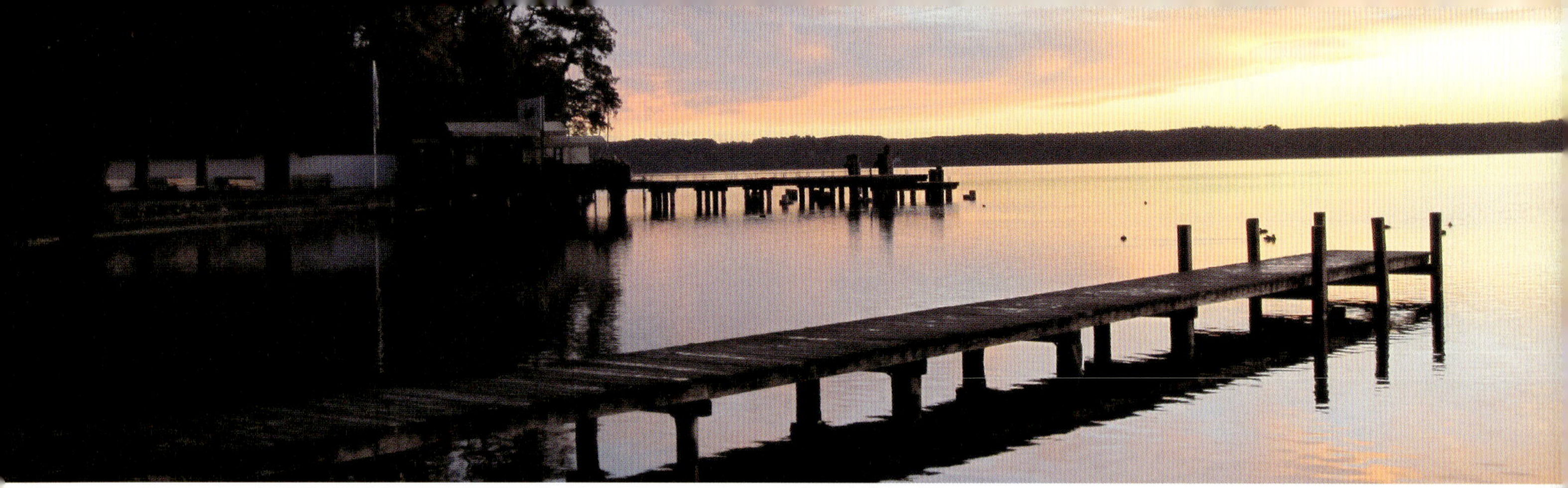
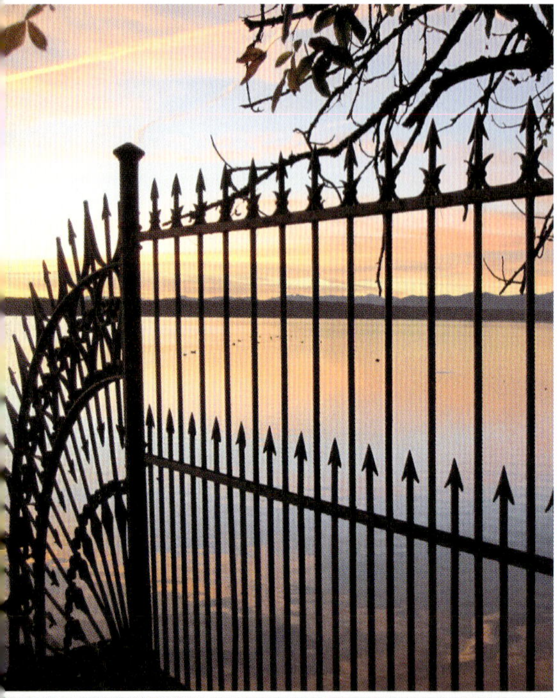
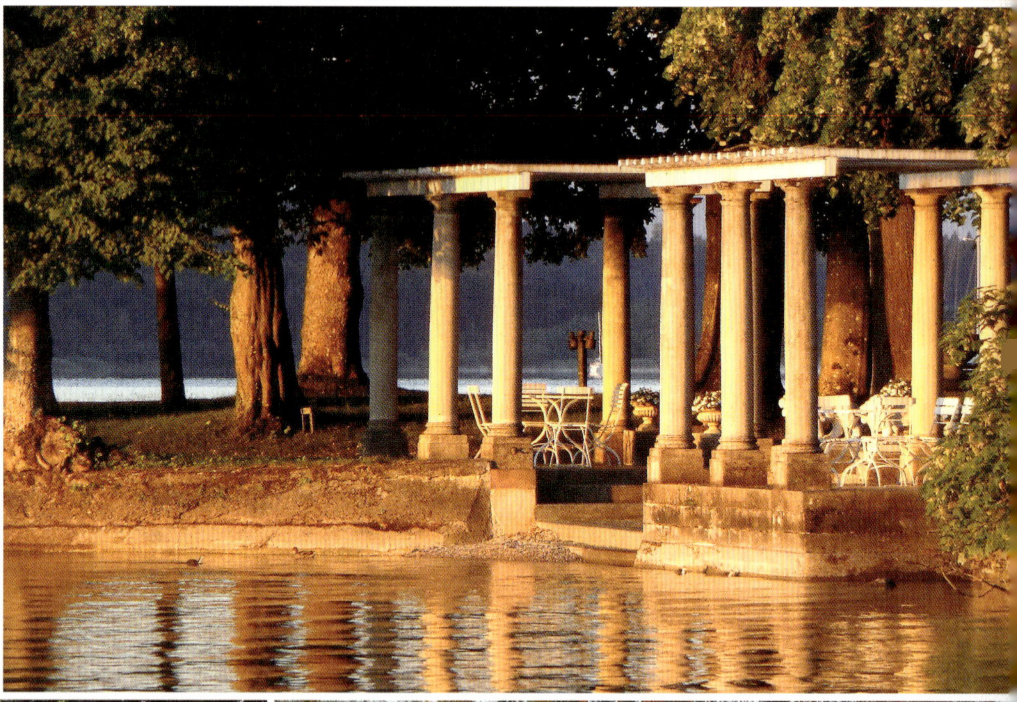
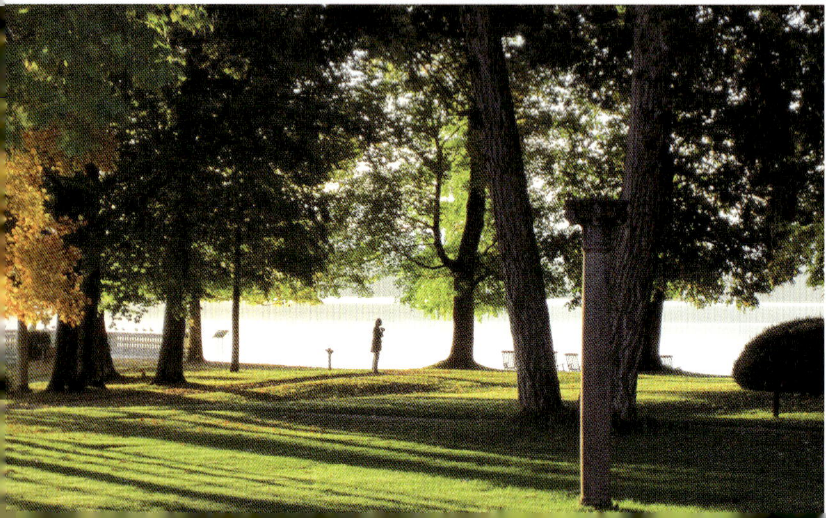
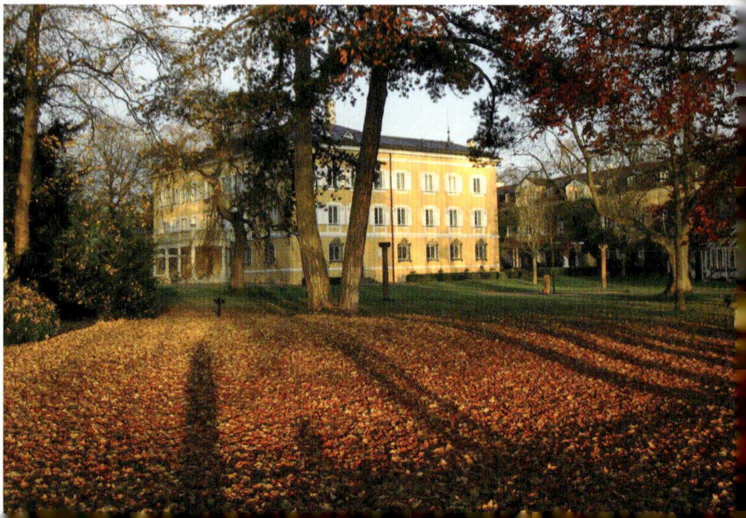

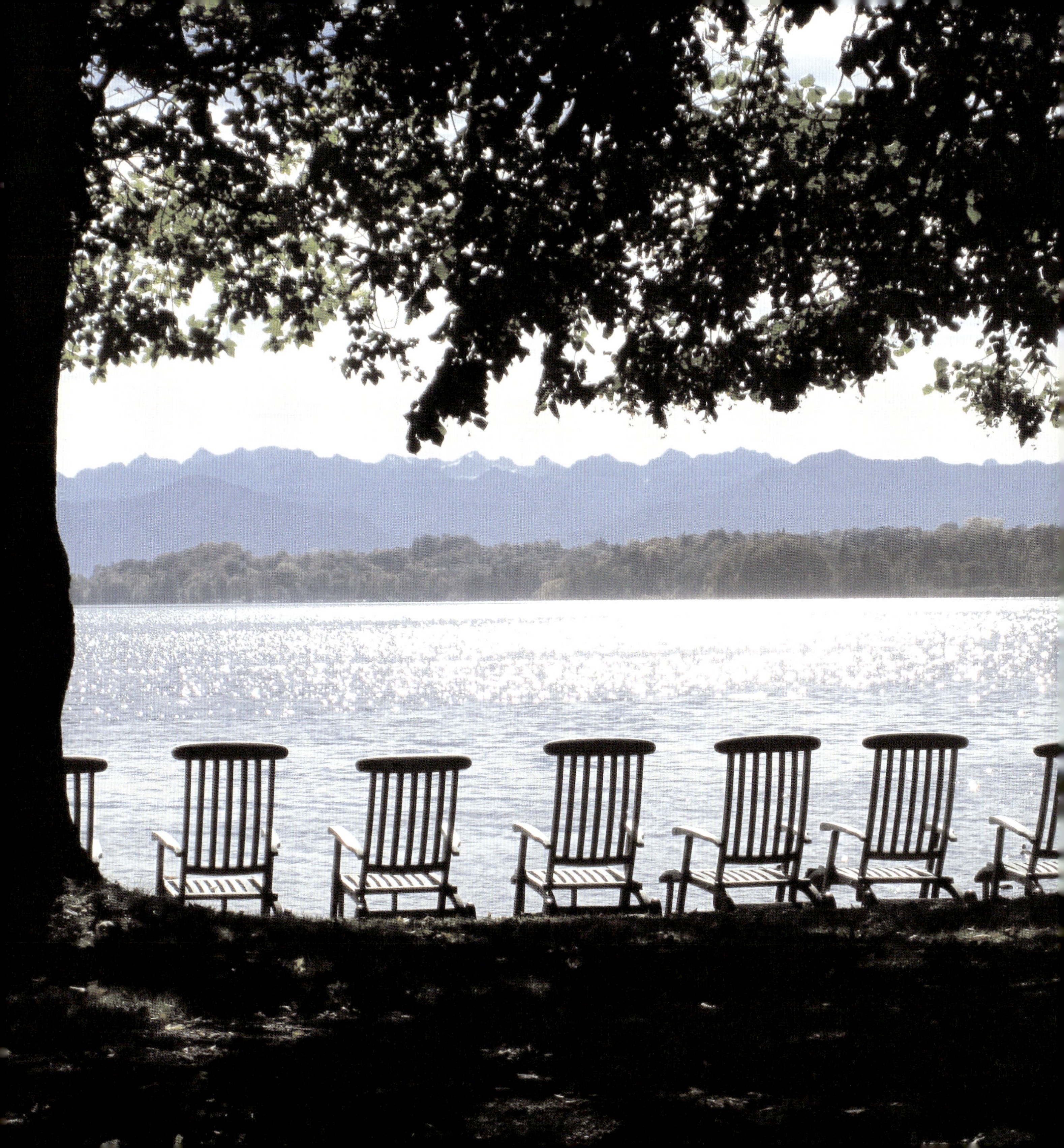

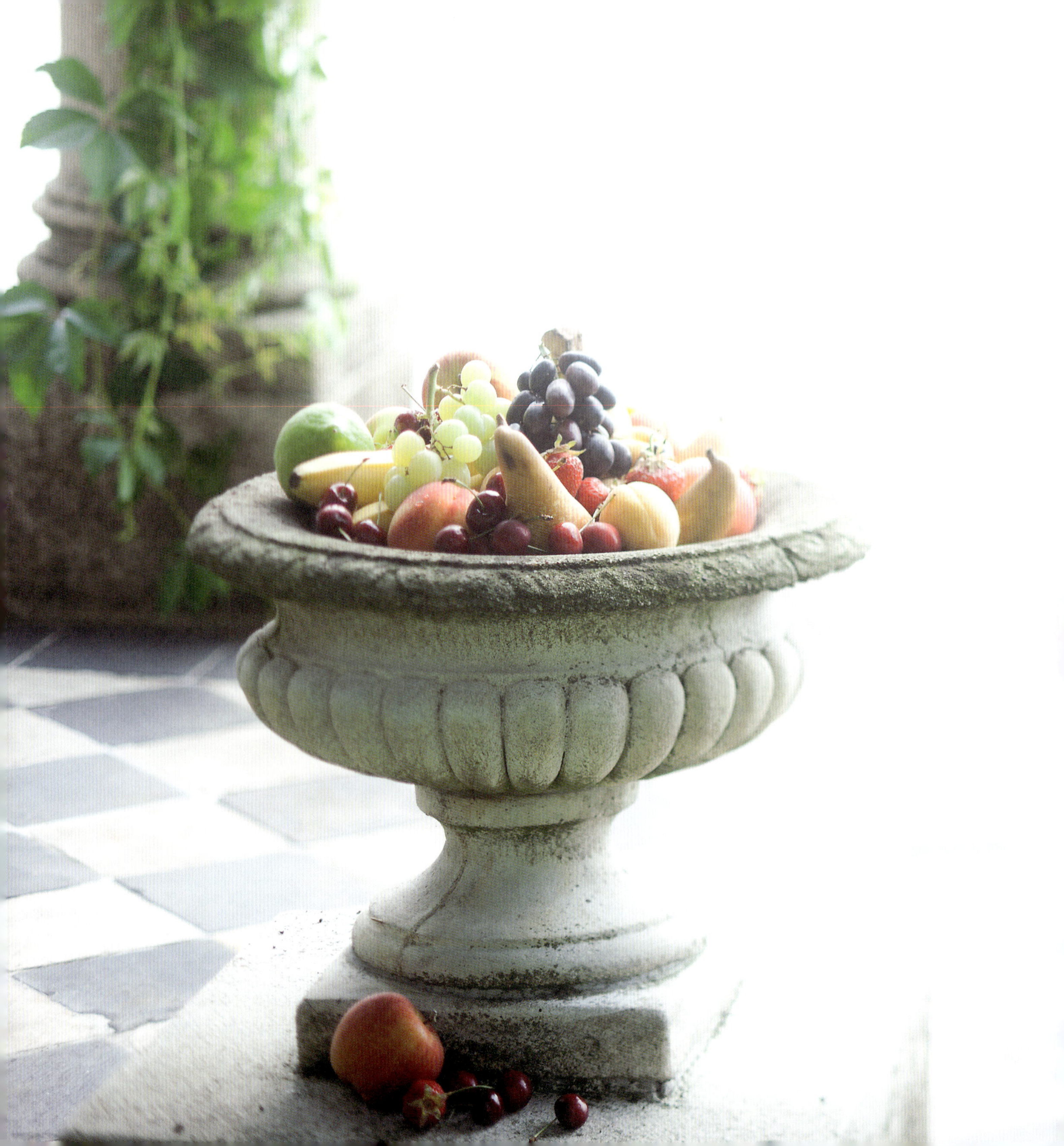

Desserts & Kuchen

Vanillecreme mit Rhabarber-Erdbeer-Kompott — 82	Haselnuss-Schoko-Stäbchen — 94
Espresso-Mascarpone-Torte — 84	Kokoscreme mit Mango — 96
Schokoladentarte — 86	Ingrids Hefezopf — 98
Limoncellocreme mit Himbeersauce — 88	Orangen-Campari-Grütze — 100
Gestürzter Rhabarberkuchen mit Walnüssen — 90	Topfenstrudel — 102
Quarkmousse mit frischen Beeren — 92	Pikanter Drei-Länder-Aufstrich — 104

Vanillecreme mit Rhabarber-Erdbeerkompott

0,5 l	Milch	**Für das Kompott**		1/8 l	naturtrüber Apfelsaft
40 g	Rohrzucker	200 g	Rhabarber		
30 g	Speisestärke	200 g	Erdbeeren	4 Minzeblättchen oder Borretschblüten	
100 g	Sahne	Rohrzucker			
1 Pck.	Bourbon Vanillepulver	Agavendicksaft			

Speisestärke mit etwas Milch glatt rühren. Die restliche Milch mit Zucker und Bourbon Vanille zum Kochen bringen. Die angerührte Stärke hineinrühren und aufkochen lassen.

Abkühlen lassen, dabei zwischendurch immer wieder umrühren. Inzwischen die Sahne steif schlagen und nach dem völligen Erkalten unterheben.

Den Rhabarber putzen und die dünne Haut abziehen. Die Stangen in kleine Stücke schneiden. Apfelsaft mit dem Rohrzucker in einen Topf geben und den Rhabarber in ca. 5 Minuten weich kochen. Abkühlen lassen.

Die Erdbeeren waschen und je nach Größe halbieren oder vierteln. Die Hälfte davon mit etwas Agavendicksaft pürieren und mit der anderen Hälfte mischen. Behutsam unter das abgekühlte Rhabarberkompott ziehen.

Die Vanillecreme auf vier Gläser verteilen, das Rhabarber-Erdbeerkompott darüber geben und mit Minzeblättchen oder blauen Borretschblüten garnieren.

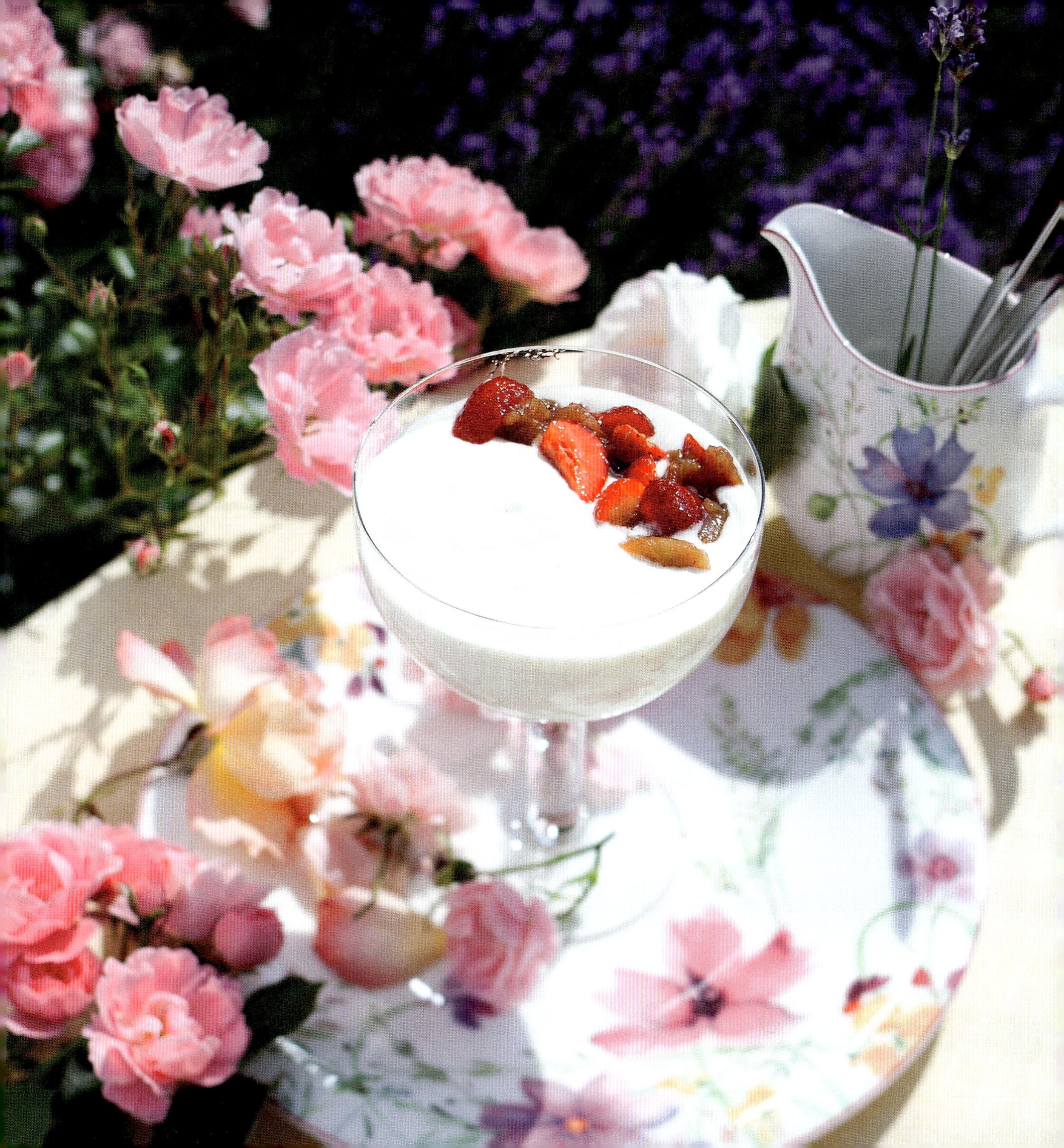

Espresso-Mascarpone-Torte

Für den Biskuit
3 Eier, getrennt
100 g Rohrzucker
70 g Mehl
30 g Speisestärke
1 Prise gemahlene Vanille
1 Prise Salz

Zum Tränken
220 ml Espresso
30 ml Mandellikör, z. B. Amaretto

Für die Creme
250 g Mascarpone
500 g Sahne
65 g Agavendicksaft
80 ml Mandellikör
2-3 Blatt Gelatine
etwas gemahlene Vanille

Kakao zum Besieben

Backofen auf 180 Grad vorheizen. Eiweiß mit 1/3 des Zuckers steif schlagen. Eigelb mit 1 EL heißem Wasser und 2/3 des Zuckers, Salz, Vanille schaumig schlagen. Etwas vom Eischnee unter die Eigelbmasse heben. Restlichen Eischnee zugeben.

Mehl-Stärkemischung darüber sieben und mit einem Teigschaber gleichmäßig untermengen. In eine mit Backpapier ausgelegte Springform (Durchmesser 30 cm) füllen und im vorgeheizten Ofen ca. 30 Minuten backen.

Erkalteten Biskuit auf eine Kuchenplatte legen, Tortenring herumspannen. Biskuit mit Espresso-Mandelmischung gut tränken.

Für die Creme Mascarpone, Agavendicksaft, Mandellikör und Vanille in einen engen Rührbecher füllen und mit dem Pürierstab (!) glatt rühren. Die nach Vorschrift eingeweichte und aufgelöste Gelatine unterrühren. Dafür zunächst 2 EL der Creme unter die Gelatine ziehen und dann das Ganze mit der restlichen Creme vermischen.

Sobald die Masse zu stocken beginnt, steif geschlagene Sahne unterheben und die Creme auf dem Biskuitboden verteilen. Nach dem Festwerden den Tortenring entfernen und die Oberfläche mit Kakao bestäuben.

Tipp
Statt einer großen Torte können Sie auch lauter kleine Törtchen herstellen. Dazu stechen Sie mit einem passenden Förmchen kleine Stücke aus dem fertig gebackenen, abgekühlten Tortenboden aus.

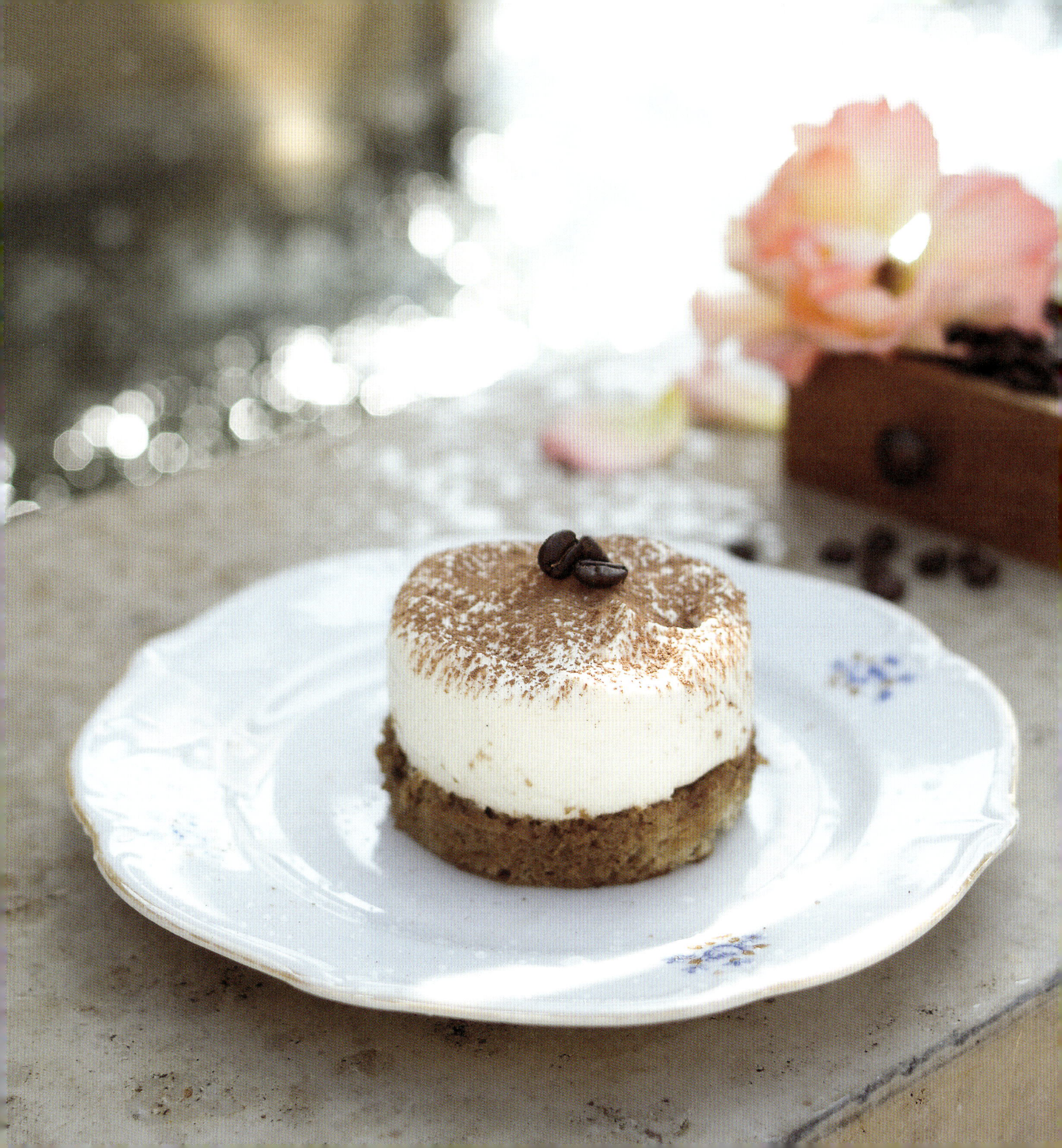

Schokoladentarte

250 g	Butter	70 g	Mehl
175 g	Rohrzucker	35 ml	Orangenlikör, z. B. Grand Marnier
250 g	Schokolade, mind. 55% Kakaogehalt	1 Msp	gemahlene Vanille
4	Eier, getrennt	1 Prise	Salz

Butter mit 3/4 der Zuckermenge und der Schokolade im Wasserbad schmelzen. Schüssel aus dem Wasserbad nehmen und Masse etwas abkühlen lassen. Eigelb und Orangenlikör unterrühren. Den Backofen auf 150 Grad vorheizen.

Eischnee mit restlichem Zucker steif schlagen. Eine kleine Menge Eischnee unter die Schokoladenmasse heben. Dann den restlichen Eischnee zugeben und unterziehen.

Mehl darüber sieben und mit einem Schneebesen vorsichtig unterheben. Den Teig in eine Tarteform (Durchmesser 28 cm, gefettet) füllen und glatt streichen.

Im Ofen auf der mittleren Schiene ca. 45 Minuten backen. Während des Backens eine feuerfeste Schale mit Wasser auf den Rost dazustellen.

Tipp
Die Schokoladentarte schmeckt am besten lauwarm!

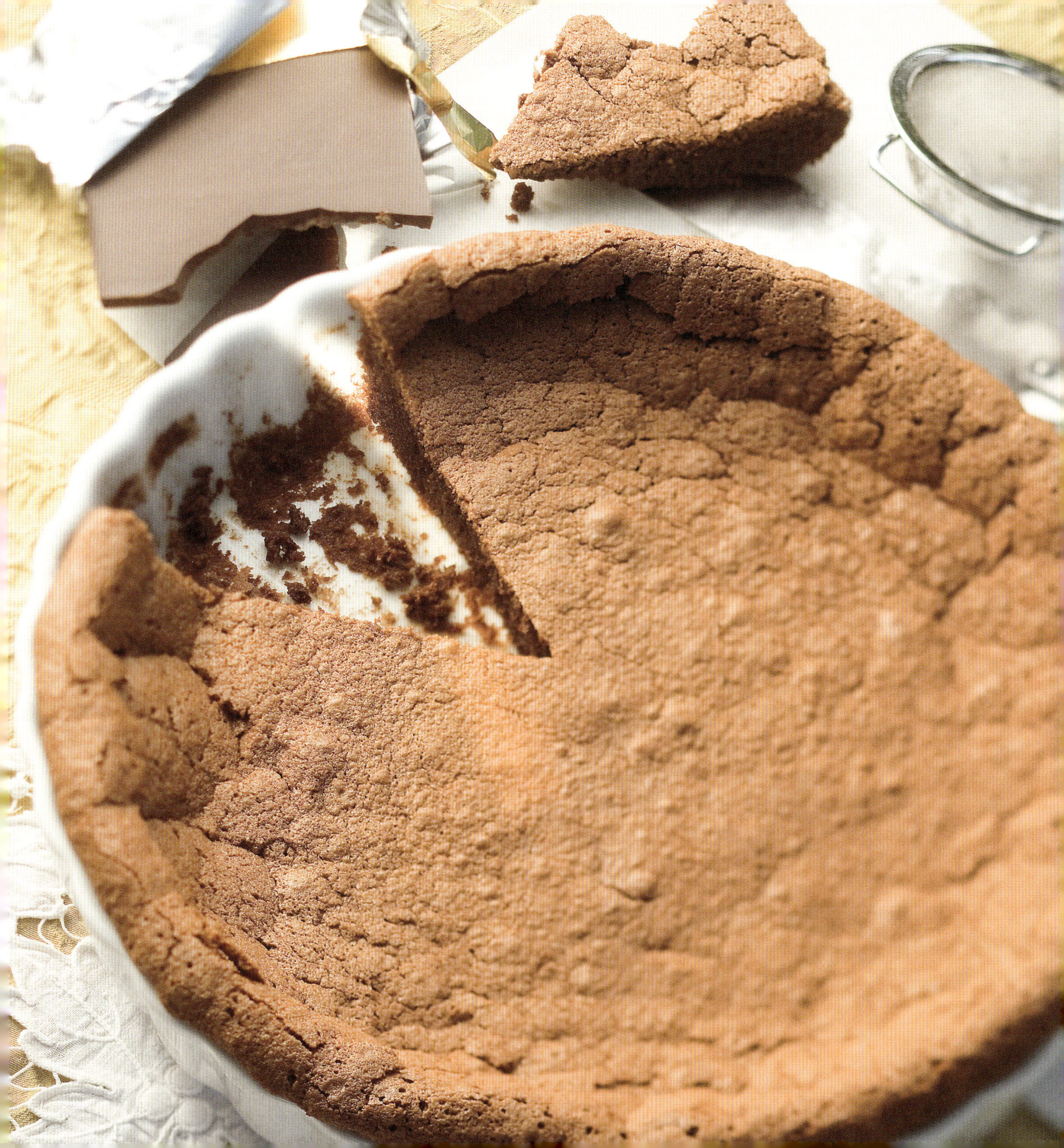

Limoncellocreme mit Himbeersauce

200 g	Quark (20% Fett)
100 g	Mascarpone
100 g	Sahne

Zitronenlikör, z. B. Limoncello
Zitronensaft
Agavendicksaft

Für die Himbeersauce

100 ml	Apfel-Kirschsaft
100 g	TK-Himbeeren
1 TL	Speisestärke

Rohrzucker

Apfel-Kirschsaft in einen Topf geben und 4 EL davon abnehmen. Den restlichen Saft zum Kochen bringen.

Die Speisestärke in 4 EL Apfel-Kirschsaft auflösen und in den kochenden Saft rühren. Die TK-Himbeeren hinzufügen, davon 4 schöne Exemplare zum Dekorieren zurückbehalten, und das Ganze abkühlen lassen.

Inzwischen den Quark mit Mascarpone, etwas Rohrzucker, Zitronen- und Agavendicksaft in eine Schüssel geben und zu einer schaumigen Masse verrühren. Mit dem Zitronenlikör abschmecken.

Die Sahne steif schlagen und vorsichtig unter die Creme heben. Nun abwechselnd Creme und Himbeersauce in Portionsgläser füllen und bis zum Servieren kalt stellen.

Zum Schluss mit jeweils einer Himbeere garnieren.

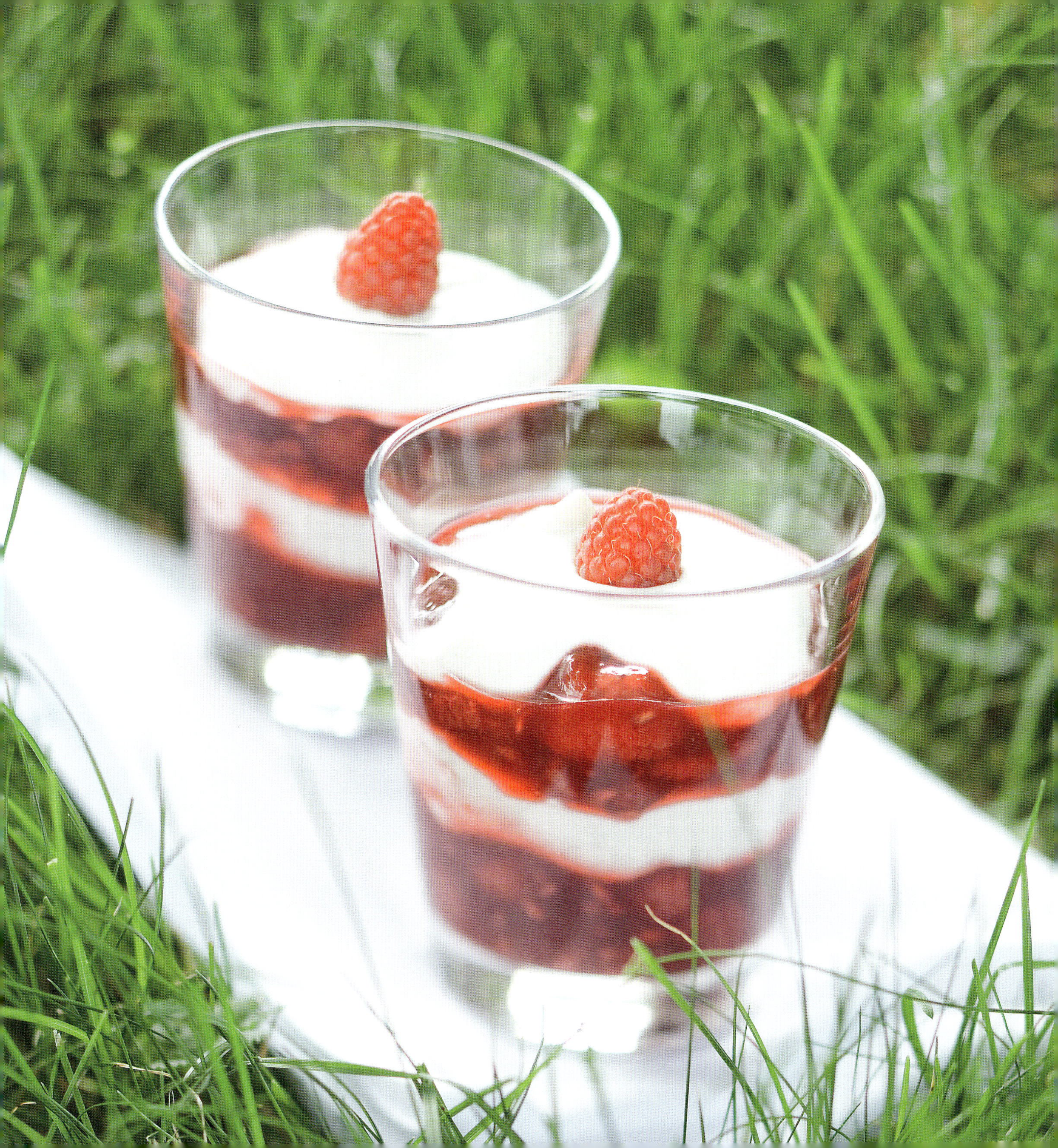

Gestürzter Rhabarberkuchen mit Walnüssen

3	Eier, Größe L, mit Schale gewogen 200 g!	50 g	gemahlene Walnüsse oder Mandeln oder Haselnüsse	1 Prise	Salz
200 g	zimmerwarme Butter	1 TL	Backpulver	1 kg	Rhabarber
200 g	Rohrzucker	1	unbehandelte Zitrone (Schale)	80 g	Rohrzucker
200 g	Dinkelmehl	1 Prise	Vanille, gemahlen		Sahnetupfer und Zitronenmelisse für die Garnitur

Backofen auf 180 Grad vorheizen. Boden und Rand einer Springform (Durchmesser 30 cm) mit Backpapier auslegen. Den Boden dick mit Butter einstreichen.

Rhabarber putzen, waschen und in 1 cm lange Stücke schneiden. Die Rhabarberstücke auf den gut gefetteten Boden der Springform geben. 80 g Rohrzucker darüber streuen.

Eier trennen. Eiweiß anschlagen, 2 EL Zucker einrieseln lassen und steif schlagen. Butter, restlichen Zucker, Vanille, Salz und Zitronenschale schaumig rühren. Eigelb unterrühren.

1/3 des Eischnees unterziehen. Mehl und Backpulver in die Eimasse sieben, Walnüsse zugeben, alles kurz vermengen, bis ein gleichmäßiger Teig entstanden ist. Den restlichen Eischnee mit einem Teigschaber unterziehen.

Rührteig löffelweise auf dem Rhabarber verteilen und glatt streichen. Im vorgeheizten Ofen auf der zweiten Schiene von unten bei 180 Grad ca. 50 Minuten backen.

Nach dem Backen den Kuchen in der Form mindestens drei Stunden auskühlen lassen.

Springform und Backpapier vorsichtig entfernen und den Kuchen auf eine Kuchenplatte stürzen. Kuchen in 12 bis 14 Stücke schneiden, Sahnerosetten aufspritzen, mit Zitronenmelisse garnieren. Wer mag, kann zusätzlich den Kuchenrand mit Sahne bestreichen und mit gerösteten Mandelblättchen verzieren.

Tipp
Der gestürzte Rhabarberkuchen schmeckt frisch am besten! Und wenn man statt 200 g Dinkelmehl 60 g davon durch Speisestärke ersetzt, wird der Teig feiner!

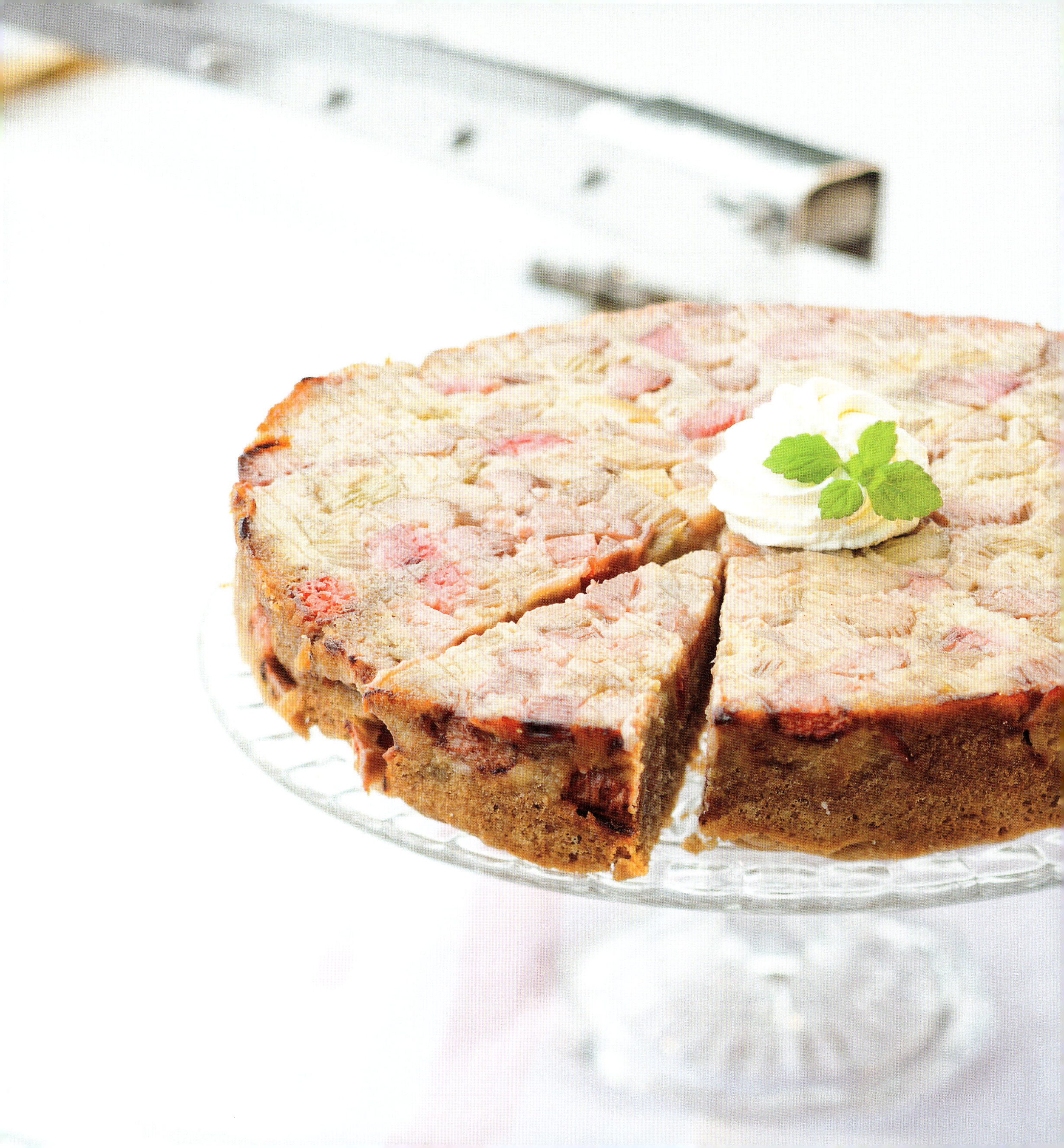

Quarkmousse mit frischen Beeren

125 g   Quark
125 g   Mascarpone
100 g   Sahne
2 Blatt Gelatine
Agavendicksaft
gemahlene Vanille

250 g   frische Beeren (Erdbeeren, Heidelbeeren, Himbeeren oder Johannisbeeren)

Die Gelatineblätter in kaltem Wasser einzeln einweichen. Die Beeren waschen und evtl. halbieren oder klein schneiden.

Quark und Mascarpone kräftig verrühren. Mit Agavendicksaft nach Geschmack süßen. Die eingeweichten und nach Vorschrift aufgelösten Gelatineblätter unterrühren.

Die Sahne steif schlagen und vorsichtig unter die Masse heben. Kalt stellen.

Zum Anrichten einen Esslöffel in heißes Wasser tauchen und damit Nocken von der Quarkmousse abstechen. Mit den frischen Beeren garnieren.

Tipp
Probieren Sie diesen Nachtisch auch mal mit einer Himbeer- oder Sauerkirschsauce. Oder servieren Sie ein Rhabarber-Erdbeerkompott (siehe Seite 82) zu den Quarkmoussenocken.

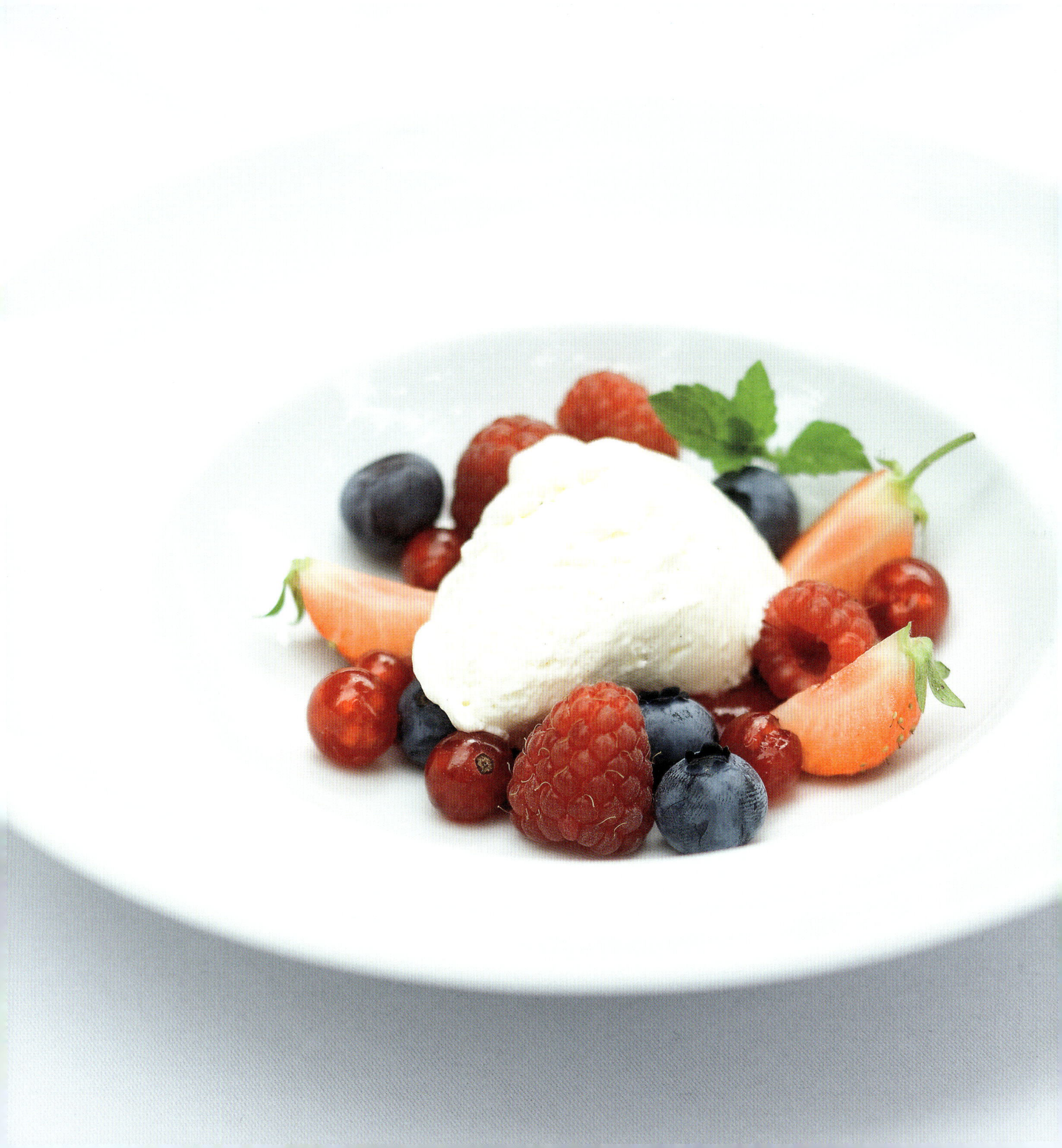

Haselnuss-Schoko-Stäbchen

250 g	Butter	10 g	Kakao
125 g	Rohrzucker	1 Prise	Salz
250 g	Mehl	etwas gemahlene Vanille	
250 g	Haselnüsse, geröstet, gerieben	Kuvertüre oder Schokolade zum Verzieren	

Alle trockenen Zutaten in einer Schüssel gut durchmischen und auf ein Backbrett schütten.

Kalte Butter auf der groben Raffel der Rohkostreibe in Stücke reiben und auf die Mehlmischung geben.

Mit zwei Teigkarten daraus einen Mürbeteig herstellen. Wichtig: der Teig darf nur so kurz wie möglich zusammengeknetet werden.

Mindestens zwei Stunden kalt stellen.

Nach der Ruhezeit den Teig ca. 0,5 cm dick auswellen. Anschließend in 1 cm breite und 5 cm lange Stäbchen schneiden und auf ein mit Backpapier ausgelegtes Backblech legen.

Vor dem Backen erneut kalt stellen.

Im vorgeheizten Ofen auf mittlerer Schiene bei 180 Grad ca. 15-20 Minuten backen.

Nach dem Erkalten etwas Kuvertüre im Wasserbad schmelzen. In einen Einwegspritzbeutel oder in eine kleine Plastiktüte füllen. Mit der Schere die Tütenspitze minimal abschneiden, so dass man mit einem möglichst feinen Schokoladenstrahl die Kekse verzieren kann.

Tipp
Der sehr mürbe Teig erfordert etwas Geduld, die jedoch später beim Naschen belohnt wird.

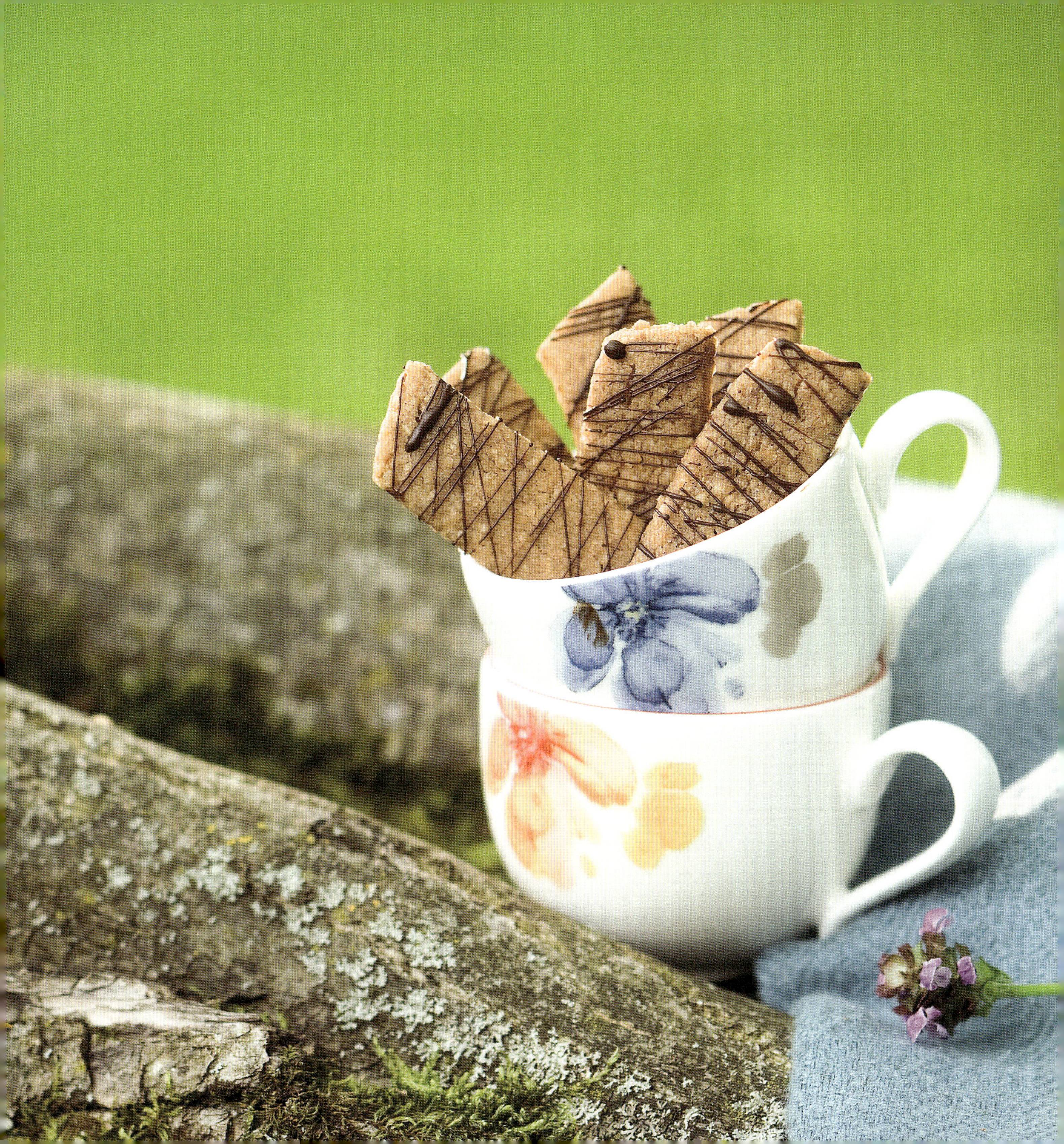

Kokoscreme mit Mango

250 g	Quark	Batida de Coco
150 ml	Kokosmilch (aus der Dose)	Agavendicksaft
50 g	Mascarpone	
100 g	Sahne	
1	große, reife Mango	

Den Quark mit Kokosmilch, Mascarpone und Agavendicksaft in eine Schüssel geben und zu einer schaumigen Masse verrühren. Mit Batida de Coco abschmecken.

Die Sahne steif schlagen und vorsichtig unter die Masse heben.

In vier Förmchen oder eine Schüssel füllen und bis zum Servieren kalt stellen.

Für das Mangopüree die Mango schälen, Fruchtfleisch vom Stein lösen, klein würfeln und pürieren. Bei Bedarf mit etwas Agavendicksaft nachsüßen.

Die Kokoscreme mit dem Fruchtpüree anrichten und servieren.

Tipp
Falls Sie keine reife Mango bekommen, verwenden Sie eine fertige Sauce aus dem Bioladen.
Das Dessert sieht auch sehr schön aus, wenn es in gekühlten Gläsern serviert wird.

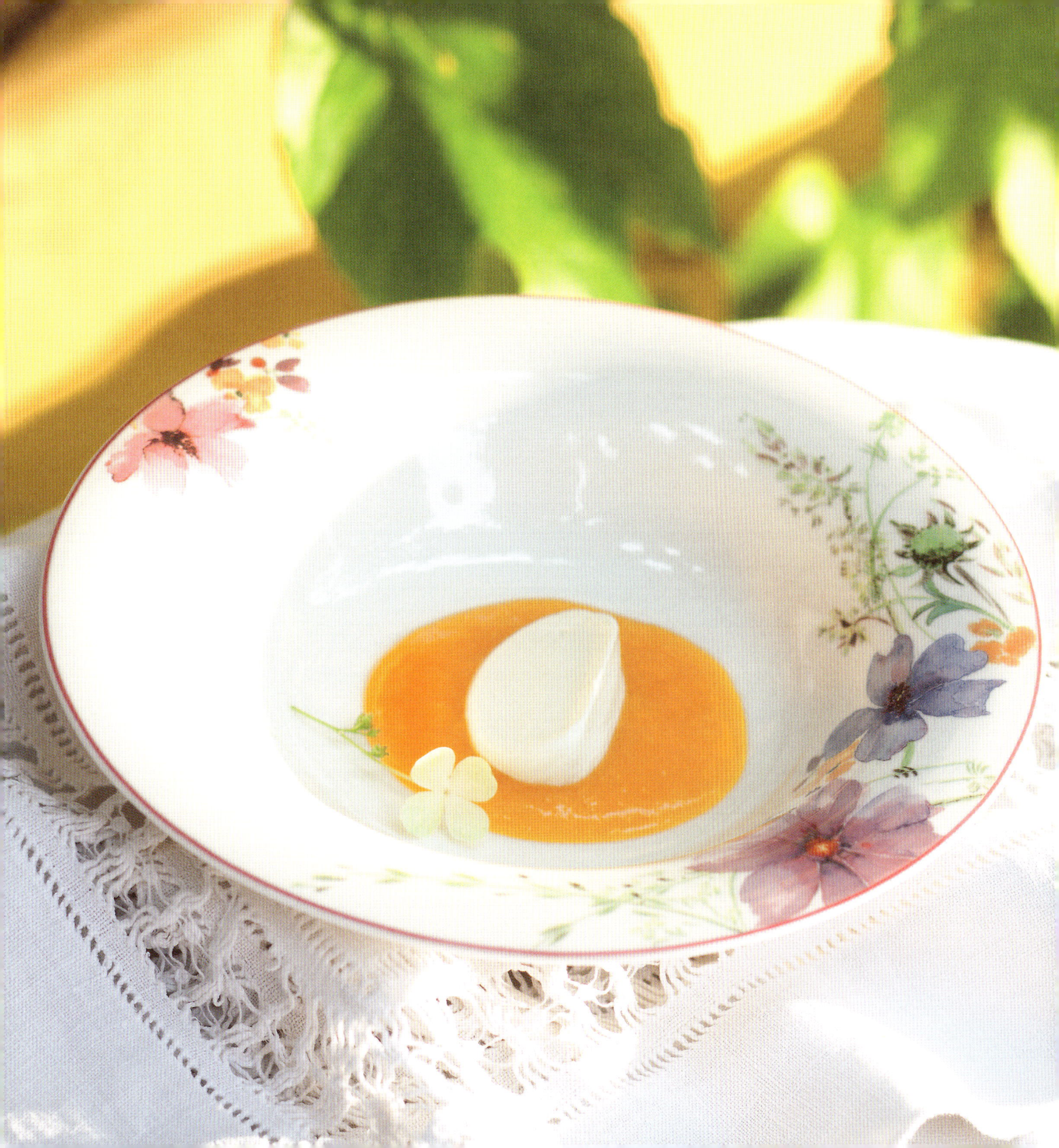

Ingrids Hefezopf

500 g	Mehl, gesiebt	2	Eier	1	Eigelb zum Bestreichen
85 g	Rohrzucker	ca. 230 ml	Milch, lauwarm	1 EL	Kaffeesahne
1/2	Würfel frische Hefe	1/2	unbehandelte Zitrone (Schale)		
45 g	Butter	1/2 EL	Rum		
45 ml	geschmacksneutrales Öl, z. B. Rapsöl	1 Prise	Salz		
		60 g	Rosinen		

karamellisierte Zimtmandelstifte zum Bestreuen

Für den Vorteig Hefe in einer kleinen Schüssel zerbröseln, mit etwas Milch und 1 TL Zucker auflösen. 1 EL Mehl zugeben und zu einem dickflüssigen Teig verrühren. Abgedeckt ca. 10 Minuten gehen lassen, bis sich der Teig verdoppelt hat.

Alle Zutaten außer Fett und Rosinen zu einem mittelfesten Teig zusammenkneten. Rosinen mit kochendem Wasser übergießen und ca. 2 Minuten ziehen lassen. Währenddessen das Fett in den Hefeteig einarbeiten. Rosinen abgießen und ebenfalls einarbeiten. Anschließend den Hefeteig abgedeckt 1 Stunde an einem warmen, zugfreien Ort gehen lassen. Die eingeweichten Rosinen wirken dabei wie kleine Bettfläschchen im Hefeteig und begünstigen so das Aufgehen.

Anschließend den Teig, ohne ihn allzu sehr zusammenzudrücken, mit einer Teigkarte auf eine bemehlte Arbeitsfläche gleiten lassen und in 3 gleich große Portionen teilen. Mit sanftem Druck 3 jeweils 50 cm lange Stränge rollen. Die Enden jeweils etwas spitz abdrehen.

Zopf flechten und schräg auf ein Backblech legen. Eigelb mit Kaffeesahne verrühren, den Hefezopf damit bestreichen und mit den karamellisierten Zimtmandelstiften bestreuen.

Backofen auf 160 Grad vorheizen. Hefezopf noch mal 10 Minuten gehen lassen und auf der zweiten Schiene von unten ca. 45 Minuten backen.

Tipp
Bei der Zubereitung sollten alle Zutaten Zimmertemperatur haben!

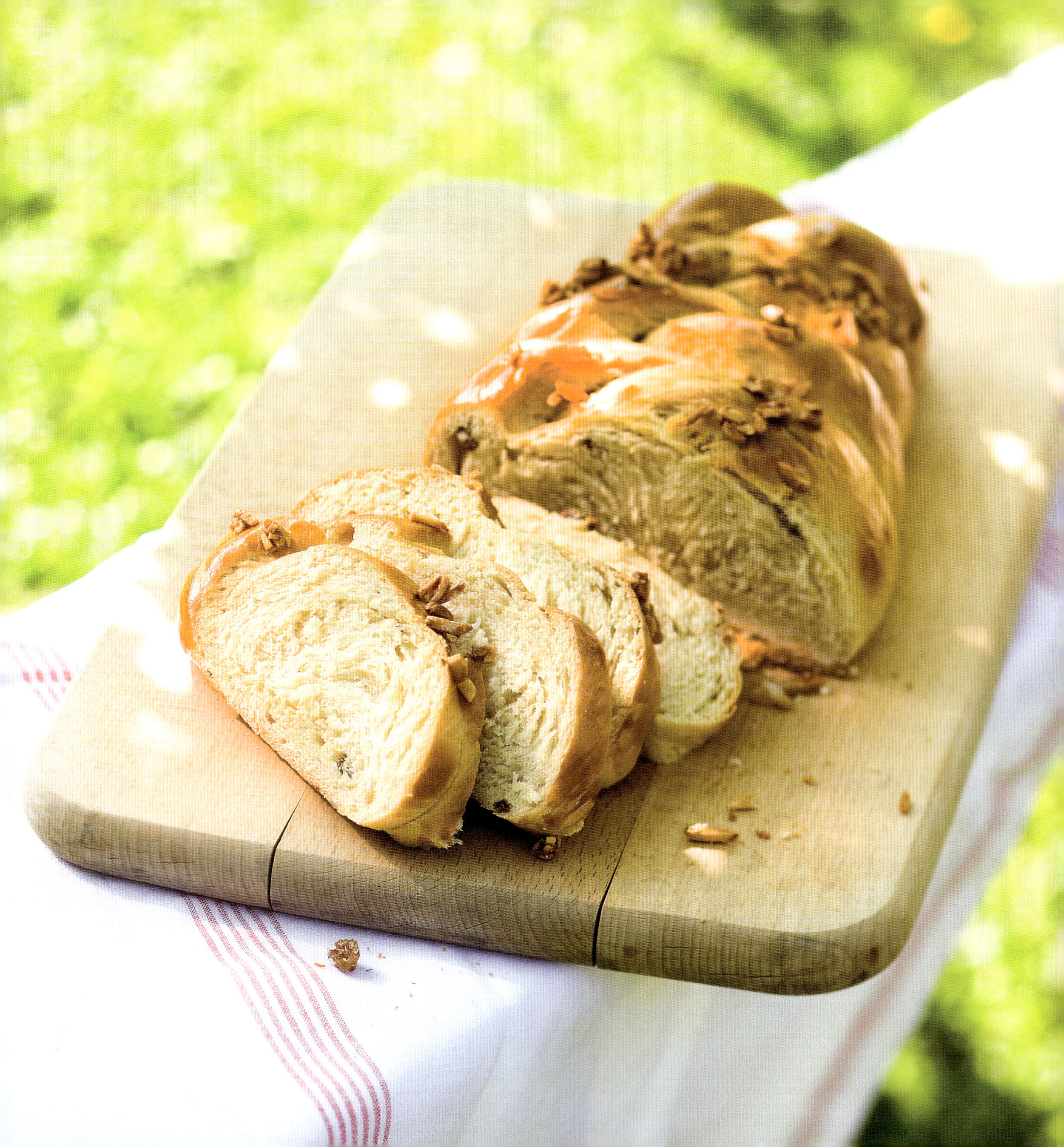

Orangen-Campari-Grütze

0,5 l   Orangensaft
60 g   Tapioka (Sago)
300 g   Orangenfilets
250 g   rosa Grapefruitfilets
Agavendicksaft
Campari

Orangensaft in einem Topf zum Kochen bringen und die Tapiokakugeln einrühren. Hitze zurücknehmen, unter ständigem Rühren leicht köcheln und die Kugeln ausquellen lassen, bis sie durchsichtig bzw. glasig sind. Eventuell etwas Flüssigkeit nachgießen.

Die vorbereiteten Orangen- und Grapefruitfilets halbieren und unter die abgekühlte Orangensaft-Tapioka-Mischung ziehen. Mit Agavendicksaft und Campari abschmecken.

Die Grütze entweder in eine große Glasschüssel füllen oder in 4 Glasschälchen portionieren. Abkühlen lassen und mindestens 4 Stunden in den Kühlschrank stellen.

Tipp
Wer den bitteren Geschmack von Campari nicht mag oder auf den Alkohol verzichten möchte, kann selbstverständlich den Campari einfach weglassen.

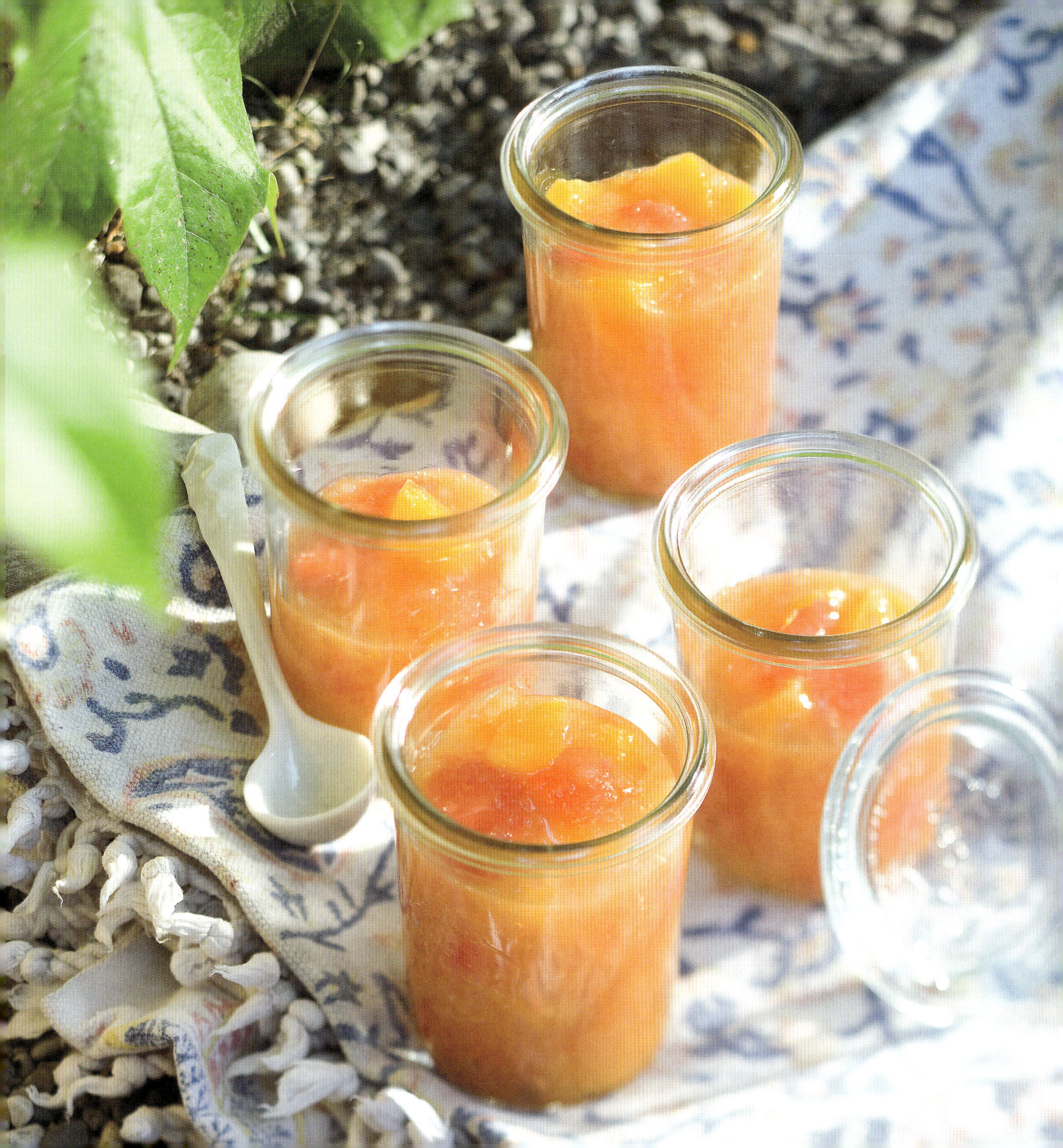

Topfenstrudel

Für den Strudelteig
200 g Mehl
1 Prise Salz
20 g geschmacksneutrales Öl, z. B. Rapsöl
1 Ei
Wasser nach Bedarf

Für die Füllung
150 g weiche Butter
200 g Rohrzucker
8 Eier, getrennt
40 g Speisestärke
1 kg Topfen oder Schichtkäse
375 g Crème fraîche oder Sauerrahm
etwas gemahlene Vanille
1 Prise Salz
1 unbehandelte Zitrone (Schale)
80 g Rosinen oder 300 g Obst in Stücken (je nach Jahreszeit Rhabarber, Aprikosen, Kirschen, Birnen oder Äpfel)
flüssige Butter zum Bestreichen
Puderzucker

Für den Strudelteig das Ei aufschlagen, ohne Schale wiegen und mit Wasser auf insgesamt 150 g auffüllen. Alle Zutaten mit der Küchenmaschine oder den Knethaken eines Handrührgeräts 10 Minuten kneten. Der Teig muss sich von der Schüssel lösen, darf jedoch auch nicht zu fest sein. Evtl. noch etwas Wasser zugeben.
Zwei gleich große Teigkugeln formen, in eine mit Öl bestrichene Schale legen. Teigoberfläche mit Öl einpinseln. Mit einer Schüssel oder mit Klarsichtfolie abdecken. Teig mindestens eine Stunde ruhen lassen.

Für die Füllung Eier trennen. Eiweiß anschlagen, nach und nach ca. 1/3 der Zuckermenge zugeben, weiterschlagen. Speisestärke zugeben und zu Eischnee schlagen.
In einer zweiten Schüssel Butter, Zucker und Gewürze schaumig schlagen. Eigelb zugeben und so lange weiterschlagen, bis eine homogene Masse entstanden ist.
Topfen durch die Kartoffelpresse drücken und mit Crème fraîche zur Eigelbmasse geben. Alles gut vermengen. Eischnee unterheben.
Die erste Kugel Strudelteig auf einem sauberen Küchenhandtuch ausziehen. Dicke Teigränder abschneiden. Quarkmasse auf den Strudelteig geben und gleichmäßig verstreichen. Dabei ringsum einen 5 cm breiten Rand frei lassen. Die Hälfte der Rosinen bzw. Obststückchen darauf verteilen. Die Ränder einschlagen, durch Anheben des Tuches aufrollen und in der Backform platzieren. Den zweiten Strudel genauso herstellen und neben dem ersten platzieren.

Teigoberfläche mit flüssiger Butter bestreichen und die beiden Strudel im vorgeheizten Ofen bei 180 Grad ca. 60 Minuten backen. Vor dem Anschneiden mindestens eine Stunde ruhen lassen! Dann Puderzucker darüber sieben und servieren.

Tipp
Eilige können natürlich auch einen fertigen Strudelteig aus dem Kühlregal verwenden.

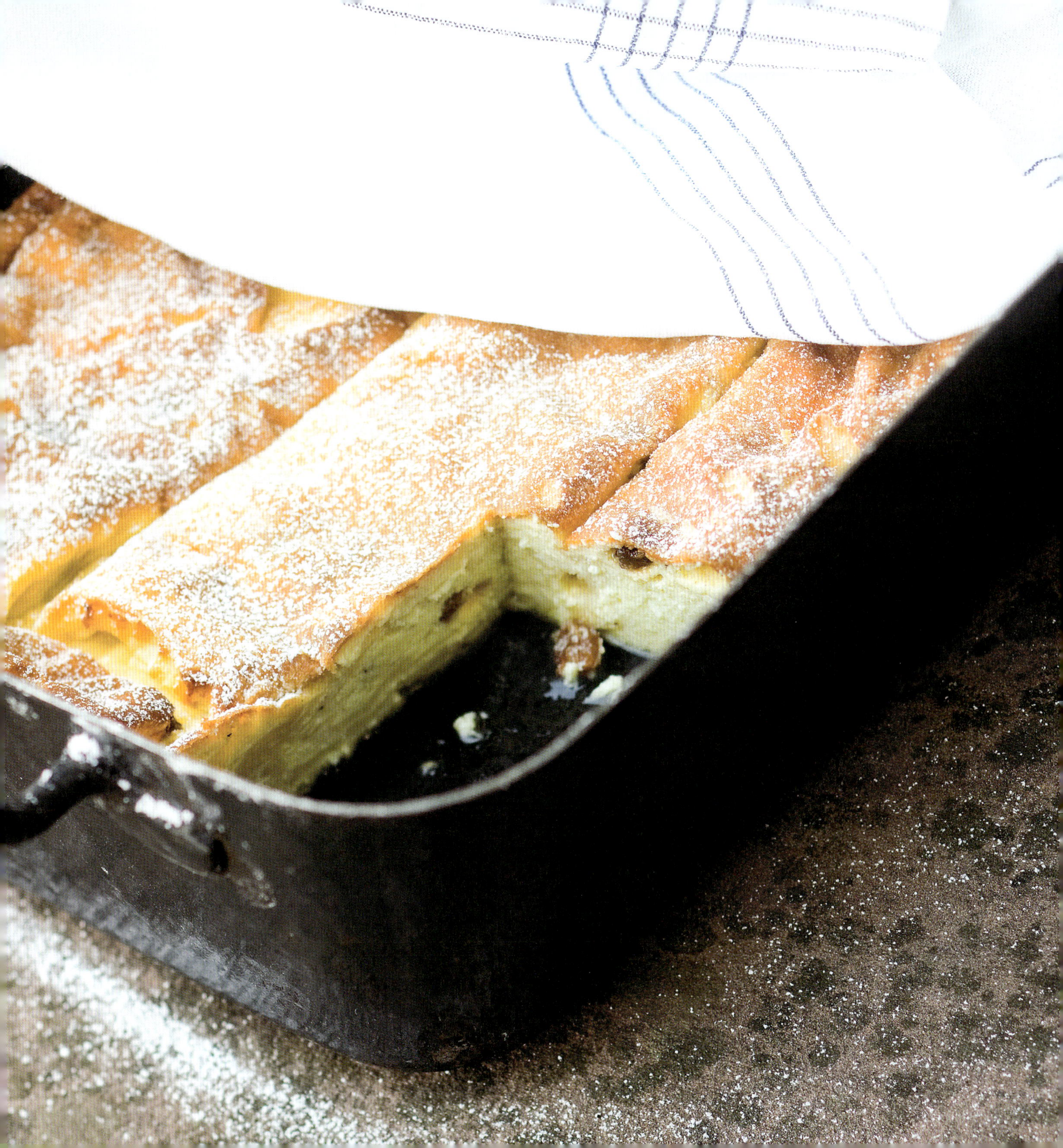

Pikanter Drei-Länder-Aufstrich

Bayerische Variante, auch Obatzter genannt*
50 g   Doppelrahm-Frischkäse
200 g   Camembert oder andere Weichkäsesorten
25-50 g Butter
Schnittlauch, Kümmel, Paprika
Salz

Französische Variante aus der Provence*
200 g   Ziegenfrischkäse
20 g   schwarze Oliven, ohne Stein
25 g   getrocknete Tomaten
1/2 EL Dijon-Senf
Chili, Pfeffer und Salz

Italienische Variante*
200 g   Doppelrahm-Frischkäse
50 g   Gorgonzola
3 EL   Kürbiskerne

Für den Obatzten Butter und Weichkäse rechtzeitig aus dem Kühlschrank nehmen, damit beide Zutaten Raumtemperatur annehmen. Den Weichkäse – falls erforderlich – entrinden und mit einer Gabel zerdrücken. Butter in kleine Stücke schneiden und dazugeben. Den Frischkäse unterrühren und das Ganze mit dem Handrührgerät oder einem Pürierstab vermengen.
Mit Schnittlauch und den Gewürzen abschmecken, dabei nur wenig Salz verwenden.

Für die provenzalische Variante Tomaten und Oliven mit einem scharfen Messer zerkleinern. Ziegenfrischkäse und Senf miteinander verrühren und die zerkleinerten Zutaten untermischen. Wie beim Obatzten mit dem Handrührgerät oder mit dem Pürierstab vermengen. Mit den Gewürzen abschmecken.

Für die italienische Variante die Kürbiskerne in einer beschichteten Pfanne ohne Fett anrösten und anschließend fein hacken. Den Gorgonzola fein würfeln und mit dem Frischkäse und den gehackten Kürbiskernen vermischen. Mit dem Handrührgerät oder dem Pürierstab cremig rühren.

Besonders hübsch sieht es aus, wenn Sie die Aufstriche zum Servieren portionieren, z. B mit einem Eisportionierer.
Oder Sie stechen mit einem Esslöffel Nocken ab.

*Alle drei Aufstriche sind jeweils für vier Personen berechnet.

Tipp
Für den Obatzten eignen sich prima Weichkäsereste aller Art!

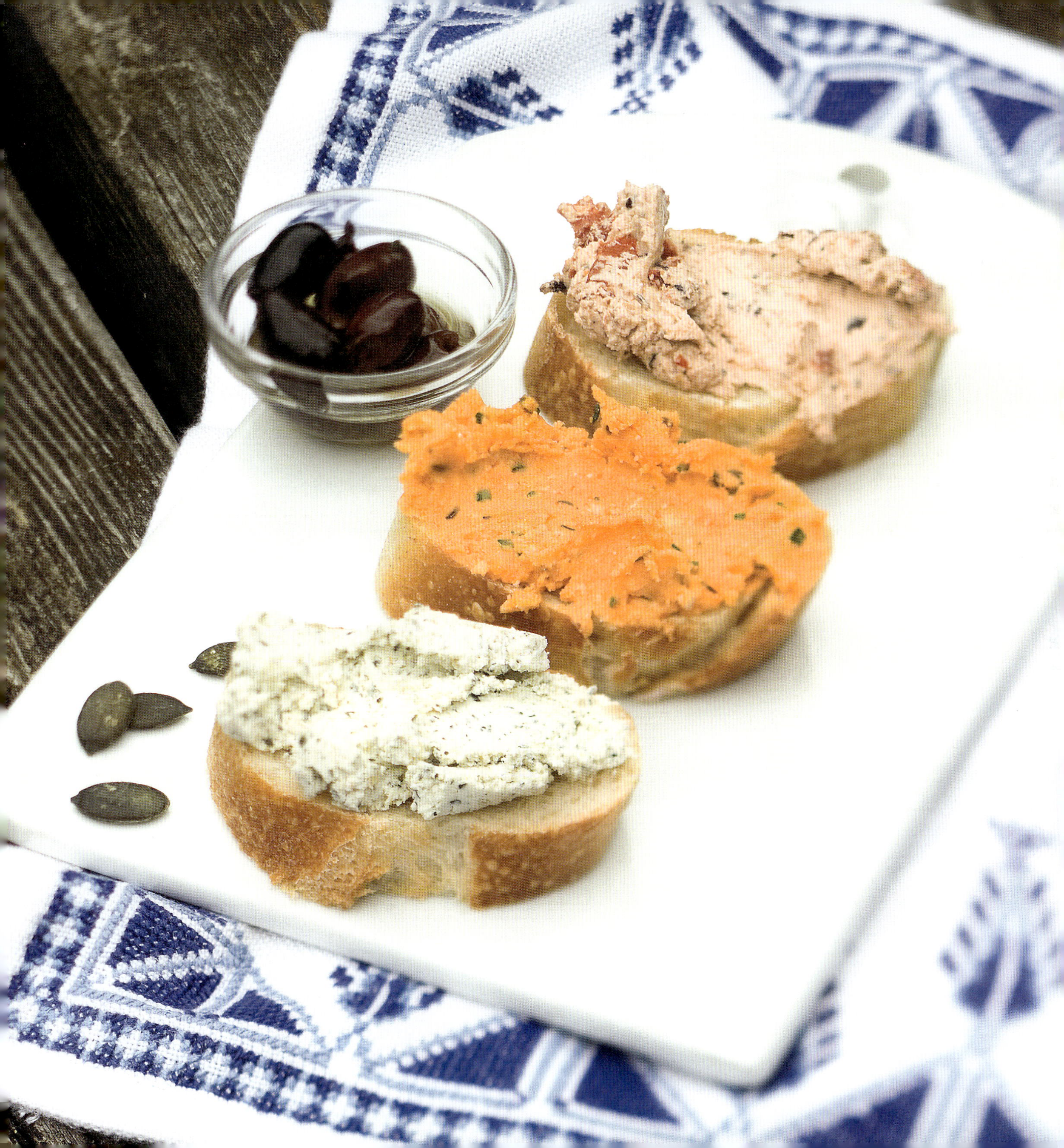

Stiftung Schloss Tutzing

Kirchliche und staatliche Finanzmittel reichen langfristig nicht aus, das unter Denkmalschutz stehende Gesamtensemble Schloss Tutzing – den Sitz der Evangelischen Akademie Tutzing – nachhaltig zu restaurieren und seinen Bestand zu sichern. Deshalb wurde 2007 die Stiftung Schloss Tutzing gegründet. Sie hat die Aufgabe, Schloss und Park als einzigartigen Ort künstlerischer, denkmalerischer und kultureller Beheimatung zu fördern und diesen in seinem Bestand zu sichern – jedoch nur, soweit die Evangelisch-Lutherische Kirche in Bayern, die politische Gemeinde bzw. Dritte nicht zu Leistungen verpflichtet sind bzw. diese freiwillig erbringen.

Mit dem Kauf dieses Buches haben Sie die Stiftung Schloss Tutzing mit 1 Euro unterstützt.
Dafür danken wir Ihnen herzlich!

Besonders danken möchten wir an dieser Stelle Hanskarl Freiherr von Thüngen – Burgbrauerei Herzog von Franken, der mit einer Spende zur Drucklegung von *„Das Beste aus der Tutzinger Schlossküche"* beigetragen hat.

Stiftung Schloss Tutzing
Schloss-Str. 2+4 – 82327 Tutzing
Tel.: 08158/251-121 / Fax: 08158/251-110
E-Mail: holzmann@ev-akademie-tutzing.de
Bankverbindung: KSK München Starnberg Ebersberg
BLZ 702 501 50 / Konto-Nr.: 116 939
IBAN: DE59 7025 0150 0000 1169 39
BIC: BYLADEM1KMS

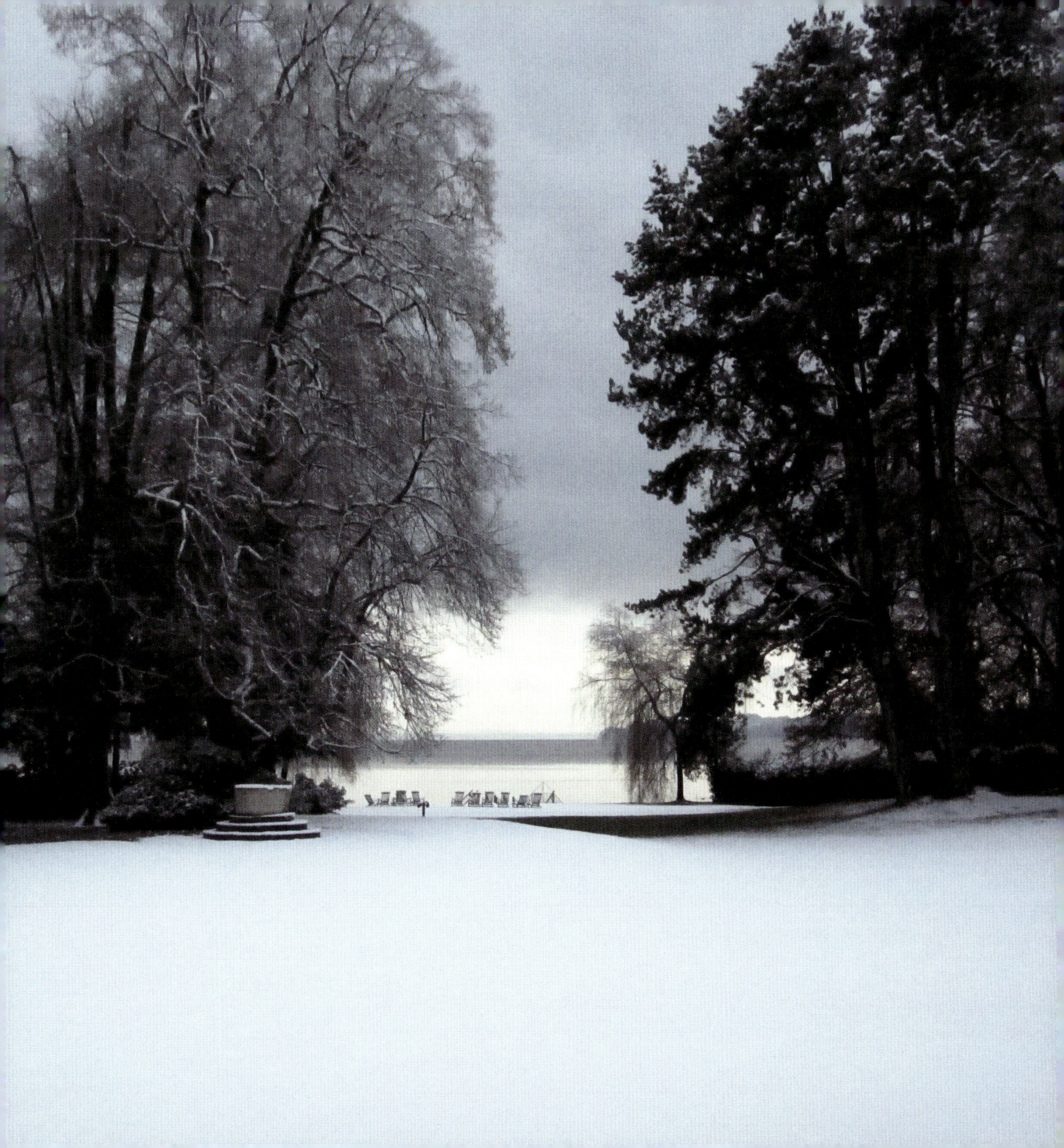

Rezepte* von A bis Z

Vorspeisen

Antipasti-Quintett	28
Bunter Salat mit Tutzinger Sauce	26
Dreierlei Quiches	42
Fenchelcremesuppe mit Pernod	36
Kartoffel-Austernpilzstrudel mit roter Paprikasauce	48
Kartoffelgratin	44
Kürbismonde aus dem Ofen	30
Pastinakencremesuppe	40
Rote-Bete-Suppe	38
Rote Linsensuppe	34
Überbackener Chicorée	46
Zucchini-Röllchen	32

Hauptgerichte

Cannelloni mit Kürbisfüllung	70
Gebratene Renke aus dem Starnberger See	56
Gemüse-Ricotta-Lasagne	76
Hähnchenbrustfilet mit Zitronen-Mascarponesauce und buntem Reis	58
Kalbsblankett	64
Kichererbsengemüse mit Couscous	74
Lammkeule mit Rosmarinkartoffeln	72
Rotes Thaicurry mit Gemüse	62
Spinat-Käse-Knödel	54
Wildschweinragout nach toskanischer Art	66
Tafelspitz mit Meerrettichsauce	68
Zanderfilet mit Fenchelgemüse	60

Desserts & Kuchen

Espresso-Mascarpone-Schnitte	84
Haselnuss-Schoko-Stäbchen	94
Ingrids Hefezopf	98
Kokoscreme mit Mango	96
Limoncellocreme mit Himbeersauce	88
Orangen-Campari-Grütze	100
Pikanter Drei-Länder-Aufstrich	104
Quarkmousse mit frischen Beeren	92
Rhabarberkuchen, gestürzt, mit Walnüssen	90
Schokoladentarte	86
Topfenstrudel	102
Vanillecreme mit Rhabarber-Erdbeer-Kompott	82

* Mit Ausnahme der Kuchen und Strudel sind alle Rezepte für 4 Personen berechnet.

Danke schön!

Großer Dank geht zunächst an die Stiftung Schloss Tutzing und den Akademiedirektor, Herrn Udo Hahn, der sich von uns für das Projekt begeistern ließ und es – zusammen mit seiner Frau, Sabine Rüdiger-Hahn – mit großem Engagement und wertvollen Beiträgen unterstützte.

Mein ganz herzlicher Dank geht selbstverständlich an das Team der Schlossküche, ohne dessen unerschöpfliche Geduld und Unterstützung dieses Buch nicht hätte realisiert werden können. *Merci!*

Besonderes Verdienst kommt Michael Ruder zu, dessen Fotos *„Das Beste aus der Tutzinger Schlossküche"* gekonnt in Szene setzen.

Dank geht namentlich an alle, die vor und hinter den Kulissen an dem Projekt mitgewirkt haben: Maya Abele, Anton Abraham, Ingrid Barth, Kathrin Bauer, Anne Berger, Sabine Bertl, Thomas Börner, Christine Caceffo-Wagner, Juliana Casa, Annemarie Engelhardt, Cornelia Fritze, Leo Funk, Irmgard Gärtner, Judith Gramsall, Isabelle Holzmann, Lidwina Kurz, Martin Kurz, Johann Lurtz, Angelika Mrozek-Abraham, Florica Pfaff, Anneliese Platz, Henrike Pohl, Barbara Polhuis, Susanne Markmann-Rehrbehn, Elisabeth Savel, Franz Savel, Petra Tabbert-Ranke, Marianne Unsinn, Rita Wagner, Agnes Walser, Inge Walter, Jutta Walter und Karin Wolfrum.

Last but not least gilt mein ganz besonderer Dank Alfons Schuhbeck für das Schlossmenü und die großartige Unterstützung.

Petra-Marion Niethammer, Nikros Verlag

Die Lieblingsmenüs des Küchenteams

Hier verrät Ihnen das Schlossküche-Team seine Lieblingsmenüs. Die einzelnen Rezepte finden Sie auf Seite 108 – und selbstverständlich können Sie da ganz nach Lust und Laune auch Ihre eigenen Menü-Kreationen zusammenstellen.

Barbara: Rote Linsensuppe – Kichererbsengemüse mit Couscous – Orangen-Campari-Grütze

Cornelia: Zucchini-Röllchen – Lammkeule mit Rosmarinkartoffeln – Limoncellocreme mit Himbeersauce

Florica: Bunter Salat mit Tutzinger Sauce – Lachsfilet mit Safransauce (Seite 60), Butterkartoffeln und Fenchelgemüse – Topfenstrudel

Henrike: Antipasti-Quintett – Überbackener Chicorée mit Petersilienkartoffeln – Kaffee-Mascarpone-Torte

Ingrid: Kürbismonde aus dem Ofen – Spinat-Käse-Knödel mit Selleriesauce – Haselnuss-Schoko-Stäbchen

Jutta: Pastinakencremesuppe – Hähnchenbrustfilet in Zitronen-Mascarponesauce und buntem Reis – Kokoscreme mit Mango

Toni: Fenchelsuppe mit Pernod – Kalbsblankett mit grünen Spargelspitzen und neuen Kartoffeln – Quarkmousse mit frischen Beeren

Impressum

Projektleitung und Redaktion: Petra-Marion Niethammer

Konzeption und Gestaltung: René Knöpfel
　　　　　　　　　　　　　　Ingrid Barth (Titelgrafik Seite 1)

Fotos:　　　　　　　　　　　Michael Ruder, lichtpunkt, Stuttgart, www.lichtpunkt.cc
　　　　　　　　　　　　　　Foodfotografie A. Schuhbeck (Seite 17, 18, 21, 22)
　　　　　　　　　　　　　　Ingrid Barth, Susanne Markmann-Rehrbehn, Angelika Mrozek-Abraham

Text:　　　　　　　　　　　 Petra-Marion Niethammer
　　　　　　　　　　　　　　Udo Hahn (Seite 4 bis 11)

Die Deutsche Bibliothek verzeichnet diese Publikation in der Deutschen Nationalbibliografie; detaillierte bibliografische Daten sind im Internet über http://dnb.ddb.de abrufbar.

ISBN 978-3-943688-03-0

1. Auflage 2014
© 2014 NiKROS Verlag, Ludwigsburg
www.nikros.de

Alle Rechte, auch die des Nachdrucks von Auszügen, der fotomechanischen Wiedergabe, der digitalen Verbreitung und der Übersetzung, vorbehalten.

Wir danken der Firma Villeroy & Boch AG, die uns das Tafelservice Mariefleur/Mariefleur Gris für die Fotos zur Verfügung gestellt hat.